ペスタロッチーに於ける
幼児教育理論構築の背景を探る
－ 手と頭と胸の教育を中心に －

細井 房明 著

まえがき

　保育者養成系の大学や短期大学等が開講している授業科目にも関わりをもつ者として納得できないものの一つに、必修の開講科目である「保育原理」の履修単位数が、最近になって、4単位から2単位に削減されたということがあります。周知のように、「保育原理」は保育者志望の学生たちが最初に学ぶ授業科目であって、そこでは、乳幼児の心身の成長・発達にとって非常に重要な意味をもつ家庭、保育施設、地域社会等々の再確認や、保育施設における意図的・計画的な保育の在り方を理解させるのに不可欠な、保育の本質や保育の歴史・現状、乳幼児の生活の主要部分を占める遊び、ならびに、施設保育の計画を立案するのに必要な、保育課程・教育課程の編成、指導計画の作成、保育の目的・目標、保育のねらいと内容、保育の方法、保育の評価、子育て支援、その他の事項について、広範囲の内容が取り扱われています。

　上記のような内容を有する、所謂、「総論」とも言える「保育原理」の必修履修単位数が4単位から2単位に削減されたことについては、保育士養成の場合には、「厚生労働大臣の指定する保育士を養成する学校」でもある保育士養成系の大学や短期大学等は厚生労働省の告示及び通知によって保育士資格取得のための設置科目等が規定されています。そして、この度は、それが改正されたために、「保育原理」の履修単位数が4単位から2単位に削減されるということになったわけであります。他方、また、幼稚園教諭を養成する大学や短期大学等の場合には、「教育職員免許法施行規則」との関わりで、それぞれの大学や短期大学等が、教育課程を編成する際や再編成時に「保育原理」の履修単位数を4単位から2単位へと切り替えたのではないかと推察されます。

　いずれにしても、履修単位数が2単位の「保育原理」はそれを担当する教師にとっても、受講する学生にとっても不都合な面が多分にあります。例えば、「保育の理念並びに保育に関する歴史及び思想」に関わる内容をとり上げるにしても、それに対し、90分授業で2回程度の講義時間を割り当てることがで

きればよい方です。そのような講義を受講させられることになる学生にとっても、迷惑この上ないことではないかと思われます。期末テストの結果をみれば、それは、一目瞭然です。そのような「駆け足の」授業を受講させられているのであるから仕方がないことではありますが、例えば、デューイや佐藤信淵、コメニウス、倉橋惣三、ペスタロッチー等々の著作についての設問であれば、それぞれ、順次、『学校と社会』、『垂統秘録』、『大教授学』、『幼稚園保育法眞諦』、『隠者の夕暮』などと答えることが出来るのでありますが、「なぜペスタロッチーは『隠者の夕暮』を著したのですか」などという、そのような問いには、殆ど(ほとん)の学生が、答えることが出来ないのであります。考えようとさえしないのです。それは受講生の側だけの問題ではないのです。教師の側に立つ者の責任でもあるのです。いろいろと悩み、考えさせられています。『ペスタロッチーに於ける幼児教育理論構築の背景を探る－手と頭と胸の教育を中心に－』なる本論考の執筆の契機もそれとの関わりがないわけではありません。

　ペスタロッチーの提唱した「メトーデ」がわが国に導入されたのは明治の初頭のことであり、その拠点となったのは、1872年（明治5年）創立の（東京）師範学校であって、「メトーデ」とは呼称されず、「庶物指教」と呼ばれ、その普及先は、主に、今日でいうところの小学校でありました。でも、ペスタロッチーが構築し、提唱した「メトーデ」は、小学生だけを対象としたものであったというようなものではないのであります。そこで、本論考では、「揺籃(ゆりかご)から六、七歳に至るまで」の子どもを対象とした「メトーデ」に目を向けてみることにしました。

　「論文調」ではなく「話し言葉」で著わしたのは、どちらかと言えば、保育の道を志す学生や現職の若い保育者のような方々に「自己教育力を育成するための読み物」として、一読していただきたいと考えていたからであります。

　本論考の企画・出版にあたっては、東北文教大学出版会や株式会社ナカニシヤ出版、大場印刷株式会社等の関係者の方々からのご配慮とご協力をいただきました。心より感謝致します。

2013年3月

著　者

目　　次

まえがき　i

Ⅰ．はじめに ………………………………………………………………… 1
　　1．手と頭と胸の教育 …………………………………………………… 1
　　2．知育・徳育・体育を重視する「三育主義」との関わり ………… 2
　　3．「民衆陶冶」の「メトーデ」の輪郭と「手と頭と胸の教育」…… 3

Ⅱ．『人類の発展における自然の歩みについてのわたしの探求』と
　　歴史哲学 ………………………………………………………………… 12
　　1．自然状態 − 自然人
　　　　（Der Naturstand − Naturmensch）………………………… 12
　　　　①　堕落せざる自然状態 − 堕落せざる自然人 ……………… 15
　　　　②　堕落せる自然状態 − 堕落せる自然人 …………………… 17
　　2．社会的状態 − 社会的人間
　　　　（Der gesellschaftliche Zustand − gesellschaftlicher Mensch）… 19
　　　　①　社会的状態への移行 ………………………………………… 19
　　　　②　社会的状態 …………………………………………………… 23
　　　　（ⅰ）自然の作品に屈服せる社会的状態
　　　　　　　− 自然の作品に屈服せる社会的人間 ………………… 27
　　　　（ⅱ）人類の権利を承認せる社会的状態
　　　　　　　− 人類の権利を承認せる社会的人間 ………………… 28
　　3．道徳的状態 − 道徳的人間
　　　　（Der sittliche Zustand − sittlicher Mensch）……………… 31

III. 人間観と幼児観 …………………………………………… 43

1. 全人間と半人間
  (ganze Menschen und Halbmensch) ……………………… 44

2. 半人間の類型 ………………………………………………… 48
  ① 第一の場合（放任による半人間）……………………… 49
  ② 第二の場合（一面的な教育による半人間）…………… 50
  ③ 第三の場合（非調和的・個別的に使用された「メトーデ」
     による半人間）…………………………………………… 52

3. 類型化された九種の半人間 ………………………………… 53
  ① 身体の大ぼらふき (Phüsischer Charletan) …………… 54
  ② 暴力ならびに拳の畜生 (Gewalts-und Faustbestien) … 55
  ③ 手仕事と職業との驢馬 (Handwerk-und Berufsesel) … 55
  ④ 悟性の大ぼらふき (Verstands-Charletan) …………… 55
  ⑤ 悟性の畜生 (Verstandesbestien) ……………………… 55
  ⑥ 悟性の驢馬 (Verstandesesel) ………………………… 56
  ⑦ 心臓の大ぼらふき (Herzenscharletan) ……………… 56
  ⑧ 心臓の畜生 (Herzensbestien) ………………………… 57
  ⑨ 心臓の驢馬 (Herzensesel) …………………………… 57

4. 満たされた幼児期 …………………………………………… 58
  ① 『人類の発展における自然の歩みについてのわたしの探求』
     に於ける歴史哲学と幼児期 …………………………… 58
  ② 幼児期の類型 …………………………………………… 60
  ③ 第一期の幼児期 ………………………………………… 63
  ④ 第二期の幼児期 ………………………………………… 68
  ⑤ 第三期の幼児期 ………………………………………… 70

5. 幼児期 (die kindliche Epoche) 以降の生活 ……………… 72
  ① 満たされた幼児期を過ごした幼児の場合 …………… 72
  ② 満たされざる幼児期の存在とその時期を過ごした幼児の
     その後の生活 …………………………………………… 74
   (ⅰ) 満たされざる幼児期の存在 ………………………… 74

　　　　（ⅱ）思想表現の形式としての「正・反」の手法……………… 76
　　　③　満たされざる「第一期の幼児期」…………………………… 81
　　　④　満たされざる「第二期の幼児期」…………………………… 84
　　　⑤　満たされざる「第三期の幼児期」…………………………… 87
　　　⑥　満たされざる「幼児期」を過ごした幼児の行方 …………… 89

Ⅳ．民衆陶冶・基礎陶冶・基礎陶冶の実施時期とその担い手 ………… 92
　　1．民衆陶冶 ……………………………………………………………… 92
　　　①　基礎陶冶 ………………………………………………………… 97
　　　②　職業陶冶 ………………………………………………………… 98
　　　③　道徳的陶冶 ……………………………………………………… 98
　　2．重視された基礎陶冶 ………………………………………………… 99
　　　①　身体的基礎陶冶 ………………………………………………… 100
　　　②　知的基礎陶冶 …………………………………………………… 100
　　　③　道徳的基礎陶冶 ………………………………………………… 101
　　3．基礎陶冶の実施時期とその担い手 ………………………………… 101
　　　①　基礎陶冶の実施時期 …………………………………………… 101
　　　②　基礎陶冶の担い手 ……………………………………………… 103

Ⅴ．おわりに ………………………………………………………………… 109

ペスタロッチー作品の略記号 …………………………………………… 112

　ペスタロッチー（Pestalozzi, J. H., 1746-1827）の著作中、本論考に於いて使用された作品の略記号は112頁－116頁の通りであって、括弧内の数字は頁を示しています。

I. はじめに

1．手と頭と胸の教育

　はるか昔のことですが、筆者が四大の教員養成系学部に教育学担当の若手教師として職を得たばかりの昭和40年代後半の、5月（連休明け）に出合った出来事を、最近になって、何故か、想い出しました。それは、着任後日も浅く、未だ言葉を交わすほどの知り合いもなく、一人寂しく学食で昼食をとっていたときのことですが、筆者の近くで10数名の新入学生に囲まれて談笑しながら食事をしていた或る教授が、突然、新入生たちに「ペスタロッチーって何だか知っている人！」と一声高く問いかけました。すると、話題が急に変わったので戸惑ってしまったのか或いはその名前を聞いたことも目にしたこともなかったのか、その場は一瞬、「シーン」としてしまったのでありますが、そのうちに、一人の元気の良い学生が多少はオズオズしながらも「ペスタロッチーって、犬の名前ではないですか？」と言ったのです。これにはビックリしてしまいました。でも、当時、筆者の生家で飼われていた犬の名がジョンであって、生家の近所の幼児たちは筆者のことを「ジョンチノアンチャン」などと呼んでいたことや、隣近所にもポチ、エス、ペスなどと呼ばれていた犬がいたことを思い出し、「犬の名前ではないですか？」と言った新入学生の気持ちも分からないわけではありませんでした。そして、それとは別に驚かされたのは、「ペスタロッチーって何だか知っている人！」と発言した当の教授が筆者の方をみてニヤリと笑ったことでした。おそらくその教授は採用人事の資料として筆者が提出した履歴書その他をみていて、学部学生や院生の時期に筆者がペスタロッチー（Pestalozzi, J.H., 1746-1827）について調べていたことを知っていて、意図的にあのような言葉を発したに違いないのであります。以後、それが縁となり、その教授にはいろいろと親切に面倒をみてもらうようなことにもなったのでありますが、考えてみれば入学早々の学生がペスタロッチーについて知っていなくても仕方がないことであったのかもしれません。何故なら、高校時代に彼らの使用した教科書にはプラトン（Platon, B.C.427-347）やルソー（Rousseau, J.J., 1712-1778）やカント（Kant, I., 1724-1804）等の名前は掲載されていたに

してもペスタロッチーの名前までは載ってはいなかったのではないかと思われるからであります。それから1年後のことですが、あの折に「ペスタロッチーって、犬の名前ではないですか？」と言った学生に偶然にも学食で出会ったので、「ペスタロッチーって何だか知っている？」と質問したところ、教職科目の受講をし始めたせいか、「ペスタロッチーはスイス生まれの教育者で、手と頭と胸の教育を重視していた人です。」などと答えてくれました。要するに、そのようなことを想い出したわけであります。いずれにしても教員養成系学部の2年次学生ともなると違ってきます。彼はペスタロッチーのことを「手と頭と胸の教育を重視した人」などと答えてくれたのでありますが、彼の答からも推察せられるであろうように、ペスタロッチーにかかわる解説書などを読んでいると、実際、しばしば、ペスタロッチーは「手と頭と胸の教育を重視していた教育者でもあった」とするような文言に近いそれに出合ったりもします。

2．知育・徳育・体育を重視する「三育主義」との関わり

　周知のように、我が国への海外からの教育学説ならびに教授法等の導入は、主に、留学生・視察者の派遣、外国人学者・技術者（お雇い外国人）の雇用、書籍の輸入といった方法によって行われていたのでありますが、明治10年前後の頃になると、早くも、ルソー（Rousseau, J. J., 1712-1778）、ペスタロッチー、スペンサー（Spencer, H.1820-1903）等の教育論の影響を受けた英米書からの翻訳書などもみられるようになってきていました。浅学な筆者などには「手と頭と胸の教育」を重視する考え方であれば、「我が国にだって伝統的なものとして、順序は違っていたにしても、知育・徳育・体育の三方面から人間の調和的育成を目指す教育論（『三育主義』）などがあったじゃないか」などと安易に考えられていたようなところもあったのでありますが、調べてみると、我が国に於けるこの「三育主義」も、実は、我が国へのペスタロッチー以降の欧米教育思想導入の流れの中で現れたものであって、幕末・明治の蘭学者・哲学者である「西　周（1829-1897）などによって『三育の説』と表現される」ようになったものであるとか、「知育・徳育・体育の区分に基づいて教育を考える三分法は、スペンサーの『知育・徳育・体育論』（Education:Intellectual, Moral and Physical, 1860）の影響を受けた」もので、「日本人による最初の教

育学書として明治時代の教育学の基盤を作ったと言われる井沢修二の『教育学』(1882-83)」にも「知育・徳育・体育」という三分法の考え方に対するスペンサーの影響が認められるなどと言われているのであります。[1] そしてまた幼児教育の分野においても、例えば、ペスタロッチーの没後 80 年以上も後にわが国で著わされた『幼児教育法』(1908、明治 41 年)には、「手と頭と胸の教育」を重視する見解に相通ずる

> 「吾人の論述せる幼児教育の主義方法は之を要するに教育終極の目的へ向かっての幼児の誘導である。其体育に関するものは鍛練的体育への誘導である。その智に関するものは後来に於ける学校の基礎を作らんとするものであって畢竟智育への誘導である。然してその徳育的努力は主として訓育上所謂無意識的感化の方面であって詮ずる所不知不識の間に於ける道徳的誘導である。」[2]

上記のような文言もみられるようになります。

いずれにしても「知育・徳育・体育の三方面から人間の調和的育成を目指す教育論(三育主義)」は、残念ながら我が国固有の伝統的な教育論とは言い難いものと受け止めざるを得ないのでありますが、それはさておき、ペスタロッチーの場合には、何故に「手と頭と胸の教育」を重視する幼児教育理論が構築されるに至ったのであろうか。多分に、疑問の残るところであります。

3.「民衆陶冶」の「メトーデ」の輪郭と「手と頭と胸の教育」

「手と頭と胸の教育」を重視する幼児教育理論がペスタロッチーに於いて構築されるに至った理由を探るに当たり、ここでは、それを、ペスタロッチーが提唱した「民衆陶冶」(Volksbildung)の方法である「メトーデ」(Methode)との関わりで考えてみることにします。彼の提唱した「民衆陶冶」の方法は「メトーデ」という用語でもって人口に膾炙されているのでありますが、もともと彼は、理論の人というよりも実践の人、実践を通してよりよい「民衆陶冶」の方法を追求し続けた人であったので、それについての自己の見解を世に問うに

---

1 寄田啓夫・山中芳和 編著『日本の教育の歴史と思想』(ミネルヴァ書房、2006、92頁-96頁 参照)、編集代表:細谷俊夫、奥田真丈、他『教育学大事典 第5巻』(第一法規出版株式会社、平成2年、336頁 参照)
2 和田 実・中村五六 共著『幼児教育法』(東京堂、明治41年、参照)

しても、結局、彼には、それぞれの時期に到達したこれこそはと思われる最上の研究成果を、必要に応じて、断片的につづるより外にその道は残されていなかったようであります。したがって彼の所謂「メトーデ」の全貌の把握は殆ど不可能に近いと言っても過言ではないのでありますが、幸いにも、彼は、同時代の教育者には大凡類をみないほど多くの作品を残していたので、断片的にしか窺われないそれぞれの作品の内容を分析・総合することによってこの目的の幾分かは可能になるかと思われるのであります。例えば、1800年前後にかけて著わされたペスタロッチーの著作、即ち『シュタンツ滞在について―友人に宛てたペスタロッチーの書簡』（Pestalozzis Brief an einem Freund über seinen Aufenthalt in Stans, 1799）や『メトーデ―ペスタロッチーの覚え書き―』（Die Methode, Ein Denkschrift Pestalozzi's, 1800）、更には、『ゲルトルートは如何にしてその子を教うるか ― 子どもを自らの手で教育しようとする母親への手引書―書簡形式による一つの試み―』（Wie Gertrud ihre Kinder lehrt. Ein Versuch, den Müttern Anleitung zu geben, ihre Kinder selbst zu unterrichten, in Briefen, 1801）、『メトーデの本質と目的についてパリの友人達に宛てた覚書』（Denkschrift an die Pariser Freunde über Wesen und Zweck der Methode, 1802）、『ヘルヴェチァの立法がとりわけ目指さねばならないものについての見解』（Ansichten über Gegenstände, auf welch die Gesetzgebung Helvetiens ihr Augenmerk vorzüglich zu richten hat, 1802）等々を手掛かりにして、彼の所謂「メトーデ」の輪郭を描けば、大凡

「メトーデ」（Methode）の輪郭

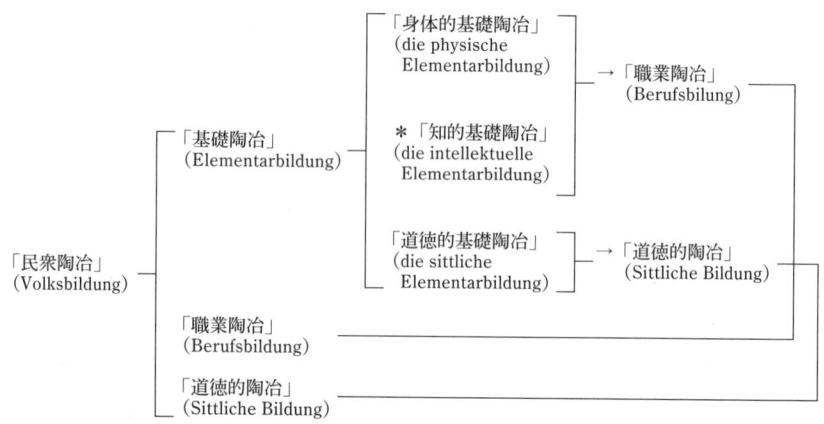

上記のようなものであったのであり、そこでは、また、「知的基礎陶冶」(die intellektuelle Elementarbildung)の輪郭は下記のように、「音声」(Schall)、「形」(Form)、「数」(Zahl)の三部門より成るものとして考えられていたのであります。＊

＊「知的基礎陶冶」(die intellektuelle Elementarbildung)の輪郭

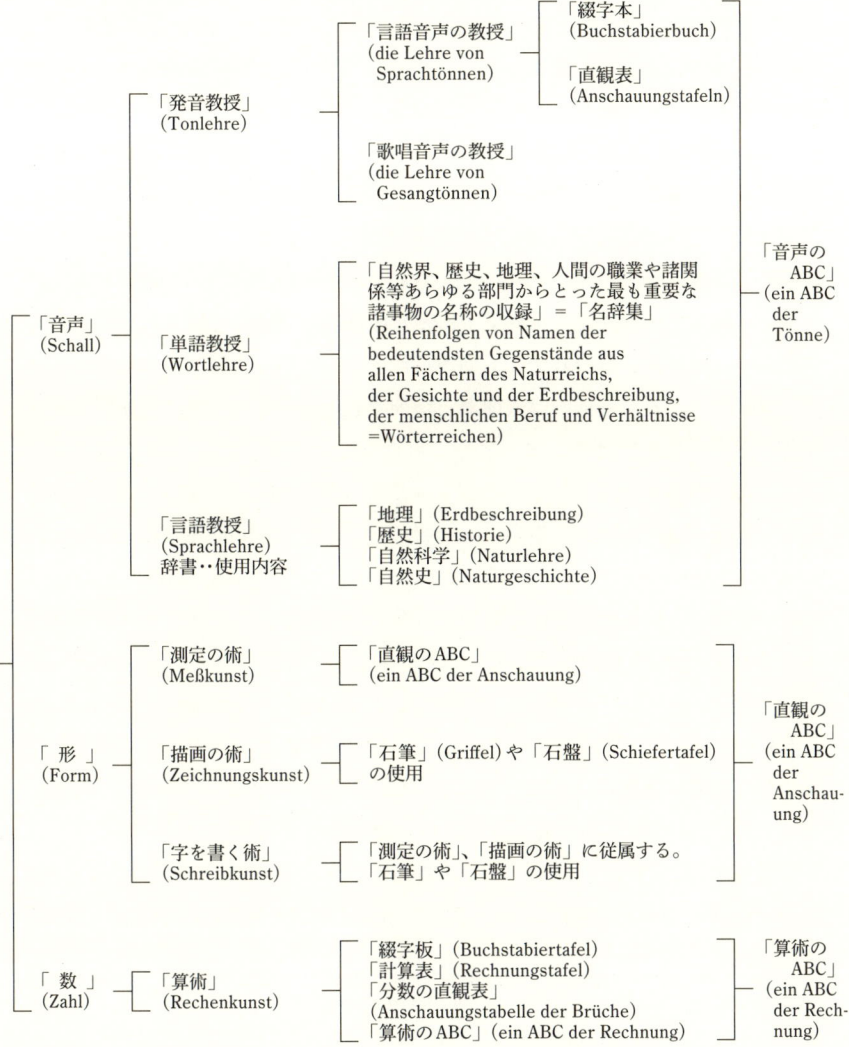

ペスタロッチーの構築した「民衆陶冶」の「メトーデ」の輪郭は、大凡、上記のようなものでありました。そして、その理由は彼の抱いていた人間観に求めることが出来るのではないかと思われます。

　かって、生物学の領域には、「生物が世代を重ねる間に」あるいはまた「個体がその出発点から時間や年月を経るにつれ」一般に反復的ではなく漸進的に単純な状態から複雑な状態へと変化発展していく現象を「発生」という概念でもってあらわし、前者を「系統発生」と呼び進化の過程を、後者を「個体発生」と呼び個体の発達過程を示すものであるとして、「個体発生は系統発生を繰り返す」などとする学説などもあったとのことでありますが、系統発生的な、あるいは個体発生的な発想は生物学の領域のみに限らず、歴史哲学の領域にも窺うことが出来るのであります。例えば、ペスタロッチーと同時代の人、ドイツ理想主義の哲学や歴史哲学の完成者と仰がれるヘーゲル（Heger, W.F., 1770-1831）は人類の歴史を精神が自由を獲得し自己を実現していく過程であるとみて、系統発生的な発想で世界史上にみた精神の発展過程を個人に於ける精神の歩みになぞらえ、精神の子ども期から精神の青年期へ、精神の青年期から精神の成人期へ、更に精神の成人期から精神の老年期へという個体発生的な一連の発達過程に於いて把握しようとしていたのでありますが[3]、ペスタロッチーも、また、人類の発展過程を、一見、系統発生的な発想から捉え、『人類の発展における自然の歩みについてのわたしの探求』（Meine Nachforschungen über den Gang der Natur in der Entwicklung des Menschengeschlechts, 1797）に於いては、人類の発展過程に継起する進化の段階として三状態 ―「自然状態（Der Naturstand）」（P.W.A.XI, S.452）・「社会的状態（Der gesellschaftliche Zusand）」（P.W.A.XI, S.460）・「道徳的状態（Der sittliche Zustand）」（P.W.A.XI, S.493）― の存在を想定していました。そしてそれにより、彼はヘーゲルとは異なり三状態の構想によって、被造物（Geschäpf）としての人間が、「類としての人間」（Menschengeschlecht）から「個としての人間」（Mensch）へと、即ち被造物としての人間が「自然的自由」（Naturfreiheit）・「動物的自由」（tierische Freiheit）の段階から「市民的自由」（bürgerliche Freiheit）の段階

---

[3] 世界思想教養全集4『ヘーゲルの思想』、河出書房新社、昭和38年、収載：ヘーゲル 著、真下信一訳『歴史哲学概説』（202頁－214頁、131頁－135頁　参照）

を経て「道徳的自由」(sittliche Freiheit) の段階へと生成発展してゆく過程を描いていたのでありますが、その際に、彼は、それら三状態相互の関係を個人生活における「幼児期（Kinderjahre）」(P.W.A.XI, S.494) と「青年期（Junglingsjahre）」(P.W.A.XI, S.494) と「成人期（Manneralter）」(P.W.A.XI, S.495) の相互のそれになぞらえるとともに、更に、これら三状態の発想との連関で人間の本性についても解き明かそうとしていたのであります。彼によれば、人間は、人類がその歴史的発展過程において自然状態から社会的状態へ、社会的状態から道徳的状態へと進化発展するように、一個人の生の歩みにおいてもこれらの三状態は幼児期、青年期、成人期という三つの時期によって順次再現されることになるだけではなく、人間の本性にはこれら三つの状態における人間の特性が三種の異なる本質 ——「動物的本質（ein tierisches Wesen）」(P.W.A.XI, S.451)・「社会的本質（ein gesellschaftliches Wesen）」(P.W.A.XI, S.451)・「道徳的本質（ein sittliches Wesen）」(P.W.A.XI, S.451) —— としてその誕生のはじめから内在しているのであるとも、考えられていたのであります。

　いずれにしても、ペスタロッチーは人間の本性には三種の異なる本質 ——「動物的本質」・「社会的本質」・「道徳的本質」—— がそなわっているものだと考えていたので、被造物としての人間は、彼によれば、「自然の作品（Werk der Natur）」(P.W.A.XI, S.558) としてとり出すことも、「人類の作品（Werk meines Geschlechts）」(P.W.A.XI, S.560) として加工されることも、あるいはまた「わたし自身の作品（Werk meiner selbst）」(P.W.A.XI, S.560) として形成されることも可能であるということになります。一個人としての人間の生の歩みにおいてこれら三種の本質が同時に現れるものなのか、あるいはまた、素質として単に可能性としてのみあったものが有機体的発展の法則にしたがって漸次実現されてゆくものとみるのかは『人類の発展における自然の歩みについてのわたしの探求』(1797) に於いては十分に理解し得ないところでありますが、ペスタロッチーの「わたし自身のこれらすべての様態の極限（Grenze）にはわたしの自然の無邪気（Die Unschuld meiner Natur）が君臨している。わたしの存在（Dasein）の最初の段階においては、わたしはこの無邪気の像に最も近くに立っている。だがそのとき子どもとして弱く、またただ夢見ているに過ぎない。わたしの動物的堕落によってわたしはこの無邪気から無限に遠ざか

る。社会的状態においては誠実（Treue）と信仰（Glauben）とが育成された力をもってわたしを再びこの無邪気に向かわせる。道徳によってわたしは、わたしの自然（meine Natur）が無邪気を求めて到達し得る最高の境地にまで自らを高める。教育と立法はこの自然の歩みに従わなくてはならない（Erziehung und Gesetzgebung müssen diesem Gang der Natur folgen）。」（P.W.A.XI, S.517）というような言葉から推察するに、彼は素質としてのみ存在した三種の異なる本質が有機体的発展の法則にしたがって、個人の生の歩みの中で、漸次実現されてゆくものと考えていたのではないかと思われます。したがって彼によれば、人類の教育と立法とはまた個人の発達の段階に応じて当然異なる方法を要求するものであるということになります。そのようなことから『人類の発展における自然の歩みについてのわたしの探求』では、彼は、「教育」（Erziehung）の方法を次のように考えていました。即ち、教育は「動物的存在（tierisches Wesen）としての人間に彼の動物的好意を維持させることによって、子どものように弱く、いわば夢見ている彼の無邪気の像を彼の眼に示さなくてはならず、また社会的存在（gesellschaftliches Wesen）としての人間には誠実と信仰とを得させることによって、彼のうちに社会的信用を発展させ、それによって社会的状態が如何に強制的に彼を無邪気から遠ざけても、この無邪気の欠乏をこの状態の中でどうにか我慢することが可能となるようにさせ、最後に、教育は人間に自己否定（Selbstverleugnung）させることによって、人間が自己自身のうちに再び無邪気の本質を取戻し、彼の動物的状態が未だ堕落していないときのあの平和で善良で好意的な存在にいま一度成りうるために必要な唯一の力にまで彼を向上させなくてはならない」（P.W.A.XI, S.517 f.）と言うのであります。

いずれにしても、彼が「民衆陶冶」の「メトーデ」を「基礎陶冶」、「職業陶冶」、「道徳的陶冶」の三段階から成るものとして構築しようとしていたのは彼の抱いていたそのような歴史哲学と人間観とに基づくところのものでありました。

『ヘルヴェチアの立法がとりわけ目指さねばならないものについての見解』（Ansichten über die Gegenstande, auf welch die Gesetzgebung Helvetians ihr Augenmerk verzüglich zu richten hat, 1802）によれば、「基礎陶冶」、「職業陶

冶」、「道徳的陶冶」のそれぞれは、

　「基礎陶冶」‥「身体」（Körper）、「精神」（Geist）、「心情」（Herz）の普遍的基礎（die allgemaeinen Grundlagen）をその最初の萌芽において覚醒させる（aufwecken）ことに適した手段（Mittle）を包含するもので、その本質は、わが子を身体的・精神的・心情的に覚醒させ、活気づけようとする家庭の健全性（Unverdorbenheit）によって保たれた父母の本能的傾向（instinktartigen Neigung des Vater und Mutter）の影響に立脚し、この傾向は、第一に、わが子の身体・精神・心情の素質の開発において（in der Entwickelung der Anlagen）、自然の歩み（Gang der Natur）を最も単純で確実な完備せる方法で堅持し、是正し、促進させるような立場に両親をおく一連の技術手段によって（durch Reihenfolgen von Kunstmitteln）支持され指導されなければならず、第二には、この家庭的影響の健全性と矛盾せず家庭的影響の結果を三つの観点のすべてにおいて拡大強化する（entweitern und stärken）学校施設（Schülanstalten）によって支持されなければならない。

　「職業陶冶」‥よき「基礎陶冶」によって覚醒され活気づけられた「身体」および「精神」の基礎的技倆（die allgemeinen Fertigkeiten）を外的適用によって（durch äußer Anwendung）強化し、拡大し、個々人の身分や職業の特殊な必要と調和させるのに適した手段を包含し、それ故に、常にまた、それが人間の諸力を普遍的に包含する「基礎陶冶」の存在の上に築かれていて、かかる指導によって開発された「身体」と「精神」との普遍的技倆を強化し拡大して、それらの技倆を個々の人間の職業及び身分上の必要の特殊な性質と調和させる限りにおいてのみよい。

　「道徳的陶冶」‥よき「基礎陶冶」によって覚醒され活気づけられた博愛（Menschenfreundlichkeit）や好意（Wohlwollen）へのわれわれの心情の素質（die Anlagen unsres Herzens）を強化し、拡大することに適した手段を包含し、特にわれわれがわれわれ人類を彼らの権利（Recht）や財産（Eigentum）の使用における、あるいは彼らの「公民的陶冶」（bürgerliche Bildung）や「公民的状況」（bürgerliche Stellung）の結果の利用における博愛心や好意へ高めることに適した手段を包含するもので、これもまた、

それが人間自然（Menschennatur）の素質を彼自身の高貴化（Veredlung）
へ、しかも、特に心情の素質を、よき「基礎陶冶」によって覚醒され活気
づけられた博愛心（Menschenfreundlichkeit）および好意へと強化、拡大
するような心理的手段の上に築かれる限りにおいてのみよく、また、それ
がわれわれ人類を人類の権利や財産の使用において、あるいはわれわれ人
類の「公民的陶冶」の結果の利用に於いて、友情（Freundlichkeit）及び
好意へ高めるような心理的手段の上に築かれるかぎりにおいてのみよい。
（P.W.K.VII, vgl.S.239 ff.）
上記のように想定されていました。

　しかしながら、「基礎陶冶」・「職業陶冶」・「道徳的陶冶」の三つの部門は、
いずれも、彼の構築した「民衆陶冶」を構成する欠くことの出来ない部門・要
素であったために、何れの部門も、一様に、彼によって重視されていたので
はありますが、現実においては、彼自身はそれら三部門の中でも「基礎陶冶」
の部門における「メトーデ」の研究に、とりわけ、力を注いでいたように推察
されます。

　前記（本論考、4頁）の「民衆陶冶」の「メトーデ」の輪郭からも明らかな
ように、「基礎陶冶」の部門は「基礎陶冶は身体（Körper）と精神（Geist）と
心情（Herz）との普遍的基礎を、その最初の萌芽において覚醒させることに
適した手段を含むものである。」（P.W.K.VII, S.239）という見地から、「身体的
基礎陶冶」と「知的基礎陶冶」と「道徳的基礎陶冶」の三つの部分から成る
ものとして考えられていました。彼によれば、「身体的基礎陶冶」の目的は、
人間が、彼の身体的自立性（physische Selbständigkeit）ならびに彼の身体的
安定（physische Berühigung）の保持のために、それの発展を必要とする身
体的諸素質（die physischen Anlagen）を、正しく、調和的に彼の内に於いて
発展させ、そして形成された技倆（Fertigkeit）へと高めることにあるのであ
り、また、「知的基礎陶冶」の目的は、人間が彼の知的基礎陶冶（intellektuelle
Elementarbildung）の保持のために、それの形成を必要とする彼の精神の諸素
質（die Anlagen seines Geistes）を、正しく、普遍的にかつ調和的に彼の内に
於いて発展させ、かくすることによって、それを一定の訓練された技倆にまで
高めることにあるのであって、さらにまた、「道徳的基礎陶冶」の目的は、人

間が彼の道徳的自立性（sittliche Selbständigkeit）の保持のために、それの発展を必要とする心情の諸素質（die Anlagen des Herzens）を、正しく、普遍的に、かつ調和的に彼の内に於いて発展させ、それらを一定の技倆に高めることにある、というように考えられていたのであります。(P.W.K.VI, vgl.S.330)

　したがって、「1.手と頭と胸の教育」（本論考、1頁－2頁）で言及した、ペスタロッチーを「手と頭と胸の教育を重視した人」でもあるとする見解は、

　　　ペスタロッチー自身、彼の構築した「民衆陶冶」の「メトーデ」に於ける三部門―「基礎陶冶」・「職業陶冶」・「道徳的陶冶」―の中でも、「身体的基礎陶冶」、「知的基礎陶冶」、「道徳的基礎陶冶」の三つの部分から成る「基礎陶冶」の部門をとりわけ重視していて、その部門の研究に専念するだけでなく、実際に、その実践の推進に専心誠意取り組んでいた人物でもあったということから、「基礎陶冶」を構成する「身体的基礎陶冶」、「知的基礎陶冶」、「道徳的基礎陶冶」のそれぞれに、順次、「手の教育」と「頭の教育」と「胸の教育」という象徴的な表現が付与されたことに由来するものである。

と、上記のように解すればよいのではないかと思われます。

II.『人類の発展における自然の歩みについてのわたしの探求』と歴史哲学

「I. – 3.」においては、『人類の発展における自然の歩みについてのわたしの探求』(Meine Nachforschungen über den Gang der Natur in der Entwicklung des Menschengeschlechts, 1797) に窺われるペスタロッチー (Pestalozzi, J.H.1746-1827) の歴史哲学をとり上げ、筆者は、大凡

> ペスタロッチーは、人類の発展過程に継起する進化の段階として三状態 ― 自然状態・社会的状態・道徳的状態 ― の存在を想定し、それら相互の関係を個人生活における幼児期と青年期と成人期のそれになぞらえ、個々人の生の歩みにおいてもこれら三つの状態は幼児期、青年期、成人期という三つの時期によって順次再現されるだけでなく、彼らの本性にはその誕生のはじめからそれら三状態における人類の特性が、三種の異なる本質 ― 動物的本質・社会的本質・道徳的本質 ― として内在しているのであると考えていた。

上記のように言及してきていたのでありますが、「三状態 ― 自然状態・社会的状態・道徳的状態 ― における人間の特性とは何か」ということについてはなんら触れてきてはいませんでした。そこで、以下では、ペスタロッチーの構築した「民衆陶冶」の「メトーデ」の輪郭を理解するためにも、あらためて、「それら三状態 ― 自然状態・社会的状態・道徳的状態 ― に於ける人間の特性は何か」ということに焦点を合わせ、『人類の発展における自然の歩みについてのわたしの探求』で展開されたペスタロッチーの歴史哲学を吟味してみたいと思います。

1. 自然状態 ― 自然人
(Der Naturstand ― Naturmensch)

「自然法」(Naturrecht) 思想は啓蒙時代に大きな役割を演じたものであったのでありますが、それ以前にもこの思想は中世的自然法の思想として存在していました。中世的自然法思想の場合には自然法は人間の有限性・世俗性の仮象性をこえた神の命じ給う永遠で最高の規範であると考えられ、全ての人間はこ

の規範に無条件に服従して神の計画を実現すべきものとされていたのでありますが、17世紀以降に於いては逆に自然法は理性的存在である人間の側に手繰り寄せられることになりました。そしてこの近世的自然法の思想にあっては、自然法は理性と道徳性とを具備した人間にとって固有のまた本質的な法であり、君主や神ですら変更することの許されない恒久的で普遍的なものであり、一切の社会の根本にあるものとして理解せられていたのであります。

　ここで取り上げられ、問題として提起されている「自然状態」という用語も本来的にはこの自然法思想と表裏一体の関係をなすものとして、産み出されたものであります。しかしながら当面の課題としてここで取り上げられる自然状態の概念なるものが近世的啓蒙時代の自然法思想から産み出されたものであるとはいえ、その概念は決して一義的に規定せられるようなものではありませんでした。自然状態を理想的状態として捉え、自然法にしたがう平和な自然状態を根底に据え、そこから国家の形成を説明しようとする立場や、自然状態を万人の万人に対する闘争状態として捉える立場など、思想家独自の見地により、さまざまな主張がなされていました。例えば、グロチウス（Grotius, H., 1583-1645）、ホッブス（Hobbes, T., 1588-1679）、プーフェンドルフ（Pu'fendorf, 1632-1694）、ロック（Locke, J., 1632-1704）、モンテスキュー（Montesqieu', 1689-1755）、ルソー（Rousseau, J.J., 1712-1788）など、彼らはいずれも自然状態について独自の主張を展開していた人々であり、ペスタロッチーもまたその時代に生き、時代の諸思想の影響のもとに彼独自の立場を打ち出したのであります。したがって、ヘルバルトの言うように、「一般に人は社会生活や国家生活の真の原理を見出そうとするペスタロッチーの試みを、国家や社会の理性法的・自然法的学説に対するひたすらな信奉と曲解するのは許されない。彼の国家哲学は18世紀の合理主義的な結社（Sozietät）のものでもなければ、エドムンド・バーク（Edmund Burke）の影響の下にドイツで形成されはじめたローマン主義の歴史的・有機体的な社会学説でもない。時代にかなった立法への課題に尻込みしたり、また法の全生命を活気なく作用する国民精神の諸力にゆだねようとする歴史へのロマンチックな服従は、彼の問題ではなかった。」[4]

4　HANS BARTH : PESTALOZZIS PHILOSOPHIE DER POLITAK, Printed in Schweizerland, Buchdruckerei Winterthur AG in Winterthur, Copyright 1954 by Eugen Rentsch Verlag, Erlenbach － Zürich,vgl.S.17

彼は自然状態を理想的状態であるとしてのみ見做す立場を支持してはいなかったし、また自然状態を万人の万人に対する闘争状態であるとする立場のみを支持することもしなかったのであります。それは、「ペスタロッチーの自然概念は18世紀が『自然』という語に付加した一切の意味を担っている。自然概念は外界と同時に人間の本性に適用される。それは人間のより高い（神聖な）本性でもあれば、より低い（動物的な）本性でもある。自然は外的でもあれば、内的でもあり、善でもあれば悪でもある。大宇宙と小宇宙との間には共鳴（Sympathie）がある。それ故に人間とその世界を知るためには、そしてこの認識の基盤の上で人間にはたらきかけるためには、この自然の道の上を、すなわち外に向かうと同時に内に向かって、真理の探究者は動かなければならない。」[5]と、ケーテ・ジルバーがいみじくも指摘しているように、彼の抱く自然概念がそもそも、一義的ではなかったからであります。

したがって彼は自然状態の概念も一義的には規定せずに、「堕落せざる自然状態（Der unverdorbene Naturstand）から「堕落せる自然状態（Der verdorbene Naturstand）」への移行が自然状態のうちに認められると観ていたのであります。それ故に彼によれば、自然状態に於ける人間、即ち自然人（Naturmensch）も、また、「堕落せざる自然人」（Der unverdorbene Naturmensch, P.W.A.XI, S.454）と「堕落せる自然人」（Der verdorbene Naturmensch）とに分けて考えられることになります。彼は理想的な自然人を前者に観、そうでないものを後者に観ていたのであります。＊

　　＊　KÄTE SILBER：PESTALOZZI, S.92 f. には、以下の言葉が記されている。

　　　その世紀の「啓蒙思想」とのあらゆる一致を拒否するにもかかわらず、もちろんその影響は否定すべきではない。ペスタロッチーは、彼がシャーフツベリの本能心理学と奇妙にまぜあわしたルソーやホッブスの自然法的な諸範疇を使用する。その上彼は、道徳のための自由意志についての、フィヒテによって彼に伝えられたカント倫理学を植え付けた。そこにはさらにニコロ・ヴィウスやヤコービへの宗教的な接近がきたされた。しかしすべての他人の思想を彼は徹頭徹尾独創的な仕方で利用し、それらを彼自身の有機的な生活秩序

5　Käte Silber：PESTALOZZI. Der Mensch und sein Werk, Quelle & Meyer, Heidelberg 1957, revidiert von der Autorin für japanische Auflage, 1976, S.40 f.

(Lebensordnungen）に結び付けている。そのようにして、すべての以前の認識を包含する思想体系（Gedankengebäude）が生成する。すべてのより高い段階がより低い段階の上に築かれるのである。それぞれの「状態」は他の状態を制約するだけではなく、またそれぞれの個別的な概念は常に、下からと上からの二つの側面から考察され、反対論によって補われる。

それでは以下では、ペスタロッチーが『人類の発展における自然の歩みについてのわたしの探求』（1797）に於いて、三状態及びそれらの状態における人間のそれぞれをどのように把握していたのかということについての吟味・検討を進めてみることにします。

① 堕落せざる自然状態 ── 堕落せざる自然人

ペスタロッチーは「最高度の動物的純潔の状態」（der höchste Grad tierischer Unverdorbenheit, P.W.A.XI, S.452）という表現を用いて堕落せざる自然状態（Der unverdorbene Naturstand）を説明しているのでありますが、この用語は、被造物としての人間が神の手から生み出されたままの姿を依然として留めていた時期の人間の動物的自然の善なる状態を意味するものであり、この状態に於ける人間はただ本能（Instinkt）によってのみ単純無邪気に（einfach und harmlos）感覚の楽しみ（Sinnengenuß）へと導かれるにすぎない感覚的な存在（Geschöcf）であるということを意味するものであったのであります。

彼は堕落せざる自然人（Der unverdorbene Naturumensch）を描写して次のように述べています。

「あふれるばかりの好意（Wohlwollen）をもって彼は彼の羚羊・彼の人形・彼の妻・彼の子ども・彼の犬・彼の馬を愛する。彼は神が何か罪が何かを知らない。彼は容易に悪魔を恐れる。光も森も流れも彼にとっては神のつくったままの聖なるものである。土地を耕すことは彼にとっては冒瀆である。彼は眠ることと感覚の楽しみ（Sinnengenuß）とに交々時間を過ごす。精神を陶然とさせること、頭に物思いのないこと、そして陶酔の夢に耽ることが彼の生の喜びである。彼は遊びと酒と女とお喋りを愛する。彼は見知らぬ人を小屋に連れて行き、食わせたり飲ませたりした後で、お前はどこから来たか、お前の国の様子はどうかと尋ねる。彼は明日のためには今日椅子から立つこともしない。‥努力せずに感覚の楽しみを得、

苦労せずに安全（Sicherheit）をうるとき、自然人は全地上においてそのような生活をする。」(P.W.A.XI, S.452)

　要するに、ペスタロッチーは「動物的被造物（tiersches Geschöpf）としての堕落せざる自然人を自己のもつ動物的な力（tierisches Kraft）と動物的欲望（tierische Begierde）との調和に基づいて自己自身との完全な調和の中に生きている自然的自由をもった平和的な善良な好意的な存在（ein friedlisches gutmütiges und wohlwollendes Wesen）」(P.W.A.XI, S.515) であると考えていたのでありますが、動物的な力と動物的欲望との調和に基づくそのような状態の歴史的事実の有無についてはその状態が歴史的事実として存在したという確固とした考えを抱いていたというわけではありませんでした。端的に言えば、彼は、そのような状態は我々の様々な希望が何の努力もなく、何の苦痛もなくまた何らかの不確かな事態にも何らの不確かな意志にも依存することなく容易にみたされることから一般に生まれてくる晴れやかな気分（Behaglichkeit）から発するものであると考えていたのであります。しかしまた他方では、同時に、そのような状態が歴史的事実として在り得たことをも証明しようと欲していました。彼は人間がかって不幸を全く知らず、心配もなく疑念もなく、何らの不確かな事態にも何らの不安な意志にも依存せず生きていたことが在り得たかという疑問、即ち、堕落せざる自然状態が歴史的事実として在り得たかという疑問を、人間の子どもの状態が全く純粋であるような時期が果たして在りうるのかという疑問とすりかえるようなことをもしているのであります。そしてこの考察に於いて彼は、人間の子どもの状態が全く純粋であるような時期は人間の子どもがこの世に生まれてくる瞬間なのであり、しかもその時期は存在するや否や過ぎ去ってしまうものであるとして、それとの対比において彼は、神の手から産み出されたままの人間も当初は堕落せざる自然状態におかれていたのであると類推しました。それ故に彼はそのことに関して次のように述べています。

　「人間も自然の手から出てくるときには全く無邪気（Unschuld）である。そしてそれは論争の余地がないように思われる。彼の本性の内面的清純（innere Reinheit seiner Natur）とその現実的純潔（wirkliche Unverdorbenheit seiner Natur）は、われわれはもとよりこの無邪気な境

地をただ感ずるだけでそれを知ることは出来ないが、この無邪気の境地から彼の本性の内面的清純（die innere Reinheit seiner Natur）とそれの現実的純潔（die wirkliche Unverdorbenheit seiner Natur）が産まれるということは否定できないようにおもわれる。子どもと同じく人間においても彼が全く不幸を知らずに生きた瞬間にはこの清純と純潔とがあったのだ。そしてそれは存在するや否や過ぎ去ったのだ。」(P.W.A.XI, S.445)

勿論、それだけでは堕落せざる自然状態の歴史的存在を証明するに足る十分な手懸りが得られたとは言い難いのでありますが、ここでは、ひとまず観念的にではありますが、堕落せざる自然状態が人類の発展過程の初期の段階では有り得たものと仮定して、自然状態の考察を先へ進めることにします。

② **堕落せる自然状態 ― 堕落せる自然人**

ペスタロッチーは、自然人が単純無邪気に本能の手に導かれて感覚の楽しみを見出すことが出来る限りはその状態を「堕落せざる自然人」とみなしていたのでありますが、更にまた、彼は、堕落せざる自然人が本能に導かれて感覚の楽しみを心配なく気楽に見出すことが出来なくなり、そのためにこの状態に於ける人間が堕落せざる自然人がもっていた無邪気（Harmlosigkeit）と動物的好意（tierisches Wohlwollen）とを失ってしまってもただそれだけでは依然としてその状態に於ける人間を自然人とみなしていたのであります。

彼によれば、堕落せざる自然人のこの動物的堕落は動物的存在としての自然人の善なる状態に反するすべてのものから生ずるものであって、例えば、ある場合には身体的欠陥がその原因となるのであり、またある場合には堕落せざる自然人の動物的幸福に関係ある事柄において動物的存在として正しく判断する能力や動物的な存在として力強く一貫して自立する能力や動物的存在として毎日を落ち着いて喜びに満ちて夢見て暮らす能力などの喪失がその原因となると考えられていました。したがって、彼は、堕落せざる自然人のこの動物的堕落は動物的自然の拍子（Takt）ともいうべき本能と動物的和音（tierische Harmonie）の諸弦（Saite）ともいうべき動物的好意とが堕落せざる自然人の内面において無力となり不確かとなり始めるところから始まるものであるととらえたのであります。

そのようなことから、ペスタロッチーは、人類の発展過程にあっては動物的

無邪気の時間は一瞬のように過ぎ去るのであって、原始人が地上で平和に暮らしていたというのは事実ではなく、堕落せざる自然人のこの動物的堕落はたちまち来たって長く続き、本能と動物的好意とは衰弱し、単に動物的我欲と自己保存（Selbsterhaltung）の衝動だけがこの状態に於ける人間を生気づけていたものと考えるに至ります。

そのようなことから彼はその状態を堕落せる自然状態（Der verdorbene Naturstand）とみて、この状態に於ける人間を堕落せる自然人（Der verdorbene Naturmensch）ないしは野蛮な自然人（Der barbare Naturmensch, P.W.A.XI, S.453）などと見做しているのでありますが、実に、彼の意味するこの状態は万人の万人に対する闘争状態として自然状態を把握したホッブスの世界を想起させるものであり、あるいはまたロックの戦争状態をも想起させうるところのものでありました。

ペスタロッチーは堕落せる自然人を描写して次のように述べていました。

「わたしは洞窟の中にいる人間を見る。洞窟の中をさまよう人間はあらゆる自然力（Naturkraft）に追われる獲物にも似ている。彼より強い動物は彼を引き裂き、彼より弱い動物は彼を毒害する。太陽は彼の泉を涸れさせ、雨は彼の洞窟を泥で満たす。流水は彼の住居の土手を崩し、砂原は彼の墓場となる。吹き付ける熱風は彼を盲目にし、沼の毒気は彼の呼吸を奪う。そして彼が二、三日の間一匹の魚も一匹の鼠も見出さなければ、彼は死んでしまう。それでも彼はすべての風土（Himmelsstrich）のもとで生き続け、いたるところで地上のすべての不幸（alle Über der Erde）に打ち勝つ。彼の軽率（Leichtsinn）は言語に絶する。不足するものがなければ彼は眠り、恐れるものがなければ彼は日向ぼっこをし、日向ぼっこをしなければ、彼は略奪に出かける。いたるところで彼は彼の同胞を殺す。彼は大地の果てまで自分のものだと主張し、日の下で彼のしたいことをする。彼は権利（Recht）も知らず、主人も知らない。彼の意志（sein Wille）は彼の唯一の法律（einziges Gesetz）であり、罪（Sünde）については罪とは何かと尋ねる。」（P.W.A.XI, S.424）、「彼が既に久しい以前から努力によって感覚の楽しみ（Sinnengenuß）を購い、また既に久しい前から苦労（Sorge）によって安全（Sicherheit）を購うときにも、なおわれわれは彼

を自然人と呼ぶ。彼が敵を殺すために毎日練習のために投槍を壁に投げつけ、妻子よりも彼の弓を大事がるようになっても、われわれは彼を自然人と呼ぶ。若者たちが彼のうしろに列をなして集まり、彼らをひきいて彼は戦争に行く。それでも尚われわれは彼を自然人と呼ぶ。いまや彼の胸中に好意（Wohlwollen）はなくなり、妻は彼の奴隷となり弱者は彼の僕となる。それでもなおわれわれは彼を自然人と呼ぶ。彼は彼の邪魔するものを殺し、彼から逃れようとするものを強いて彼に仕えさせる。それでもなおわれわれは彼を自然人と呼ぶ。彼はいまでは不死の神々（die unsterblichen Götter）を知るが、彼はチクロープ（Zyklopen）と一緒に『われわれは神にまさる』（Wir sind besser als sie）と言う。それでもわれわれは彼を自然人と呼ぶ。彼の周囲の全世界が彼の前に恐れおののき、彼の意志は彼の隣人の法律であり、彼は鞭をもち剣をもち、捕縄をもって彼の意志を通す。彼は享楽した女と生まれた息子とを彼の洞窟から追い出す。」(P.W.A.XI, S.452 f.)

これらのことからも推察されるであろうように、堕落せる自然人についての彼の描写は、先に触れた堕落せざる自然人のそれとは全く異なっていました。ペスタロッチーはただこの状態の中に、この状態に於ける人間の流血の自由（Die bluttriefende Freiheit, P.W.A.XI, S.424）だけをみていたのであります。それだからこそペスタロッチーはまた、この状態に於ける動物的堕落の悲惨な結果におしつぶされ、堕落せる自然人を支えていた動物的我欲と自己保存の衝動によってかりたてられて、堕落せる自然人は堕落せる自然状態からの社会的状態への移行を遂行したのであると、みていたのであります。

2. 社会的状態 — 社会的人間
(Der gesellschaftliche Zustand — gesellschaftlicher Mensch)

① 社会的状態への移行

ペスタロッチーは、堕落せる自然人を生気づけていたものは動物的我欲と自己保存の衝動なので、この状態に於ける人間（堕落せる自然人）は自己保存のためには如何なる手段を用いてもよいという動物的感情と如何なる手段をも用いることの出来る力とに導かれて流血の自由のただ中で土地を分割する、と考

えていました。

　この間の事情をペスタロッチーは、アジアの肥沃な草原での羊飼いによる平和的な土地の分割という例外などを引き合いにだしつつも、次のように述べております。

　　「われわれの動物的自然（tierische Natur）はこの分割をわれわれの根本感情（Grundgefühl）の結果として遂行する。・・だからこの分割はわれわれの動物的堕落の免れ難い帰結であって、世界に権利（Recht）があるか、あるいは世界に権利があるべきかについていまだわれわれが知ることが出来る以前に、われわれの動物的な力（tierische Kraft）とわれわれの動物的無力（tierische Ohnmacht）とが仕上げてしまう一つの不幸である。それはわれわれの肉体の力の不平等からくる単純な帰結であって、われわれの自然の無力（Ohnmacht unserer Natur）は大きい力に道をゆずってしまう。人間はこういう自然の結果にしたがって、彼はより強いものの力、より悪賢いものの狡知、より幸運なものの資力に負け、そしてそれによって、土地は事実上分割される（und hiemit ist die Erde via facti geteilt）。」
　　（P.W.A.XI, S.528）

　土地の分割そのものは資産（Besitzstand）を生み出すものであって、この状態はもはや自然状態とは言い難いものであります。この時、堕落せる自然人は実質的には「社会的状態」（Der gesellschaftliche Zustand）に一歩踏み込んだことになります。しかしながらペスタロッチーは社会的状態への自然人の移行を説明するのにこれだけで十分であるとは考えていませんでした。これに付け加えて、動物的人間は言葉によって社会的人間になったのだということについても考慮していました。即ち自然状態に於ける二状態を通じて自然人はまったく動物的存在として生きるのでありますが、被造物としての人間は人間以外の他の被造物とはそもそも本来的に異なるものであるが故に、この状態に於いては、自然人はそれに耐えることができないと考えていたのでした。

　この状態に於ける人間は流血の自由のただ中にあってすべての境遇において彼の同胞との戦いに倦み疲れ、彼が殺す人間との協力を渇望するようになり、かくして協力のしるしとしての言葉が生じ、言葉によって自然人は社会的人間となるというのであります。そのような事態がいつ頃生じたのかということに

関しては、モンテスキューやルソーなど啓蒙時代の人々と同様に、もちろん、ペスタロッチーも自然的条件の差異による地域差の存在をも考慮していました。
　彼は動物的人間が社会的人間になるのは言葉によってであるということを説明して次のように述べています。
　　「彼がものを言わないなら彼は動物（Vieh）である。彼が言葉を話すとき彼は人間となる（Er redet, er ist ein Mensch geworden）。無知と不信、欠乏と恐怖はいまやその恐るべき全能、その恐るべき全権を失う。人間はいまや彼の言葉の中に彼の権利の根拠（Grund seines Recht）と彼の義務の根拠（Grund seines Pflicht）とを認識する。彼はこのとき彼の自然の流血の自由（bluttriefende Freiheit seiner Natur）を、彼自身に対しても、彼の同胞に対してもあきらめたのである。彼は言葉によって人間となったのであり（Er ist durch sein Wort Mensch geworden）、彼自身のうちにあり、彼が自己自身に与えた法則の支配下におかれたのだ。」(P.W.A.XI, S.426)
　言葉によって自然人が流血の自由を放棄するということは、堕落せる自然状態に於ける人間が相互に契約を結び、それによって社会的状態へ移行したということを意味します。それ故にペスタロッチーは、社会的状態は土地の分割による所有権の発生と言葉による相互の契約の上に成立したものであるということを「時代の制約をも考慮して、ひかえめにではありますが」＊

　　＊　ハンス・コーン 著・百々巳之助、浦野起央 訳：『ナショナリズムと自由 ― スイスの場合 ― 』（アサヒ社刊、昭和37年、35頁－53頁 参照）によれば、18世紀中葉のスイスの若い世代による愛国主義は、そのはじめは、未だ州（カントン）レベルの愛国主義であり、国民的統一の愛国主義ではなかったが、啓蒙的知性を有する青年層の間に、次第に、連邦の安全・平和・秩序のためにはスイスの統一が必要であるとする国民的統一の感情や「自由の合い言葉」のもとに自然美への愛着感が喚起されていったとのことであります。そして、その一例としてハンス・コーンはマレシール・ド・ルクサンブール（Maréchal du Luxembourg）宛てのルソー（Rousseau J.J.）の1763年1月20日の書簡を挙げていました。彼によれば、その書簡には、ルソーはスイスの13州について「13区をもつ大都市」と記すだけでなく、住民のすべてもそのような「郷愁」に罹っていたと記していたと述べているのでありますが、その頃のこの新しいスイス

愛国主義の感情は、実際、支配的な主権をもつ13州のみならず、ヴォーやテッサンその他の従属地域でさえ浸透していたようであります。ヨハネス・ミュラー（Johannes Müller）やペスタロッチー（Pestalozzi, J.H.）等はこの啓蒙的愛国主義の代表的な思想家であったと見做されていたのでありますが、彼の時代が大体そうであったように聖書的歴史と古典的伝統の上に新しいナショナリズムの示唆を見出したミュラーは『スイス連邦史』（Die Geschichten Schweizerischer Eidgenossenschaft, 1789）に於いて過去から当時の時代に至るまでのスイスの人々の統一的・愛国的行動をたたえていました。しかしながら、他方、政府当局は、そのような啓蒙的愛国主義者たちによる統一的・愛国行動に対しては極度に厳しく反動的でした。政府当局は分離意志によって確立したものとみていた寡頭政府の統治を批判することは誰ひとり許そうとはせず、チューリッヒの神学者ヨハン・ハインリッヒ・ワーゼル（Johann Heinrich Waser）がフランス軍のためにスイス傭兵を約束したところの1777年のフランス・スイス同盟を非難してシュレーツァの『最も歴史的・政治的内容の手紙（Briefwechsel meist historisch-politischen Inhalts』を出版したところ、それに対して、彼は、政府当局から死刑を宣告され刑の執行をうけたほどであったのであります。因みにその詩について言及すれば、それは「スイスの血とフランスの金、政治的に相互に釣合とれたもの」（Schweizerbrut und Franzgeld, politisch gegeneinander abgewogen）と言われていて、「ヘルヴェチィアの父たちよ、君たちの息子！ 民の羊飼いたちよ！ 君たちの羊ではないか！（Väter Helvetiens, eure Söhne! Hirten des Volks! nicht eure Schafe!）」という文言で始まっていたとのことでありますが、その直後といっても過言ではない時期に著わされたペスタロッチーの『隠者の夕暮』（Die Abendstunde eines Einsiedlers, 1780）の冒頭には、「神の親心、人間の子心。君主の親心、民衆の子心。すべての幸福の源。」（Vatersinn Gottes : Kindersinn der Menschen. Vatersinn des Fürsten : Kindersinn der Bürger. Quellen aller Glückseligkeit. P.W.A.IV, S.145）なる語句のもとに、「玉座（Throne）の上にあっても木の葉の屋根の陰（Schatten des Laubdaches）に住んでいても人間（Mensch）は同じである。その本質（Wesen）からみた人間、彼は何であるのか。何故に賢者（Weisen）は人類がなんであるかをわれわれに語ってくれないのか。何故に気高い人々（erhaben Geister）は人類がなんであ

るかをもはや認めないのか。農夫でさえ彼の雄牛のことを知っていて彼の雄牛を使用しているのだ。牧者（Hirt）は彼の羊の性質について探求するではないか。人間を使役し、人間を守り、人間を牧すると称するあなたがたは雄牛に対する農夫の労苦をとっているのか。あなたがたもまた彼らの羊に対する牧者の心遣いをとっているのか。あなたがたの知恵（Weisheit）は人類についての知識（Kenntnis）であり、あなたがたの親切（Güte）は民衆（Volk）の聡明な牧者の親切であるのか。」(P.W.A.IV, S.145) というような文言がしるされていたのであったのであるが、この『隠者の夕暮』はイーゼリン（Iselin, Isaak, 1728-1782）の配慮があってか、それが掲載された『Ephemeriden der Menschheit』誌には匿名で発表されていたので、その作品によってペスタロッチーがその時点ではとやかく言われるようなことはなかったようでした。しかし、そのような時代であったことを考慮するなら、「社会契約論」のような見解を彼が展開したらどうなるかということを、筆者は「時代の制約をも考慮して、ひかえめにではありますが」という語句を用いた。（以上は、「時代の制約をも考慮して、ひかえめにではありますが」と記したことについての筆者の説明です。）

次のように述べていたのであります。

「国家は社会契約（gesellschaftlicher Vertrag）によって作られたものでないということが、たとえ正しいとしても、人間はそのような契約の精神なしには市民的社会（bürgerliche Gesellschaft）の中に生きられないということはそれにもかかわらず同様に真実であり、そしてあらゆる国家がその諸施設をその上に基礎付けることを誇りにしている法（Recht）と正義（Gerechtigkeit）は、そのような契約の一般的存在の承認（Anerkennen）以外の何ものでもなく、そのような契約の既存の事実があればこそ、そしてその承認は契約の管理人（Verwalter）を契約の本質へと、法と正義へと、同様に彼らの義務へと導くということは、あくまでも正しい。」(P.W.A.XI, S.389)

② 社会的状態

ペスタロッチーは、気楽な喜び（behagliche Wonne, P.W.A.XI, S.414）は人類の動物的および社会的存在（tierisches und gesellschaftliches Dasein）に共通する目的であり、社会結合の第一の目的も堕落せる自然人の本性が要求する

生の楽しみ（Genüsse des Lebens, P.W.A.XI, S.384）を彼の諸力を他人の諸力と結合しないで得られるよりももっと容易にもっと確実にもっと満足に獲得することにある、と考えていました。したがって堕落せる自然人が社会的状態へ入っていくときには、既に彼は彼の動物的堕落が彼の動物的幸福に及ぼす恐るべき結果をやわらげ、この状態に於ける流血の自由に制限を加え、それによって自己の安全を守り、自然状態の中で実現しうるであろうよりもより安全により確実により満足に彼の動物的自然の諸要求を実現するという確固たる目的をもっていたということになります。それ故に社会的人間はこの新しい体制の中にあっても決して動物的な力以外の手段を用いるわけではなく、失われた自然生活の喜びを回復しようとして、あるものは仕立屋に、あるものは鍛冶屋に、あるものは学者になるという具合に、手足や精神の力を特別にその他の四肢や諸力のすべてを損なってまでも使用せざるをえなくなるというようなことになります。しかしながら動物的自由のないところで尚も動物的自然を満足させようとする人為的なさまざまな対策は、反対に自然状態の無邪気な快適さをその本質において失わせ、彼の全能の気楽さを損ない、それは彼の生存を重苦しい儲け仕事に、また悲惨な生活に結び付けます。たとえそれが彼の悦楽（Genüsse）を幾倍に増すとしても、同時にまた彼の重荷を大きくし、自然状態の中では殆ど気づきもしなかった不平等（Ungleichheit）を最も痛切な感情にまで高め、それらすべてのことによって彼は結局社会的状態に於いても社会結合の目的を達成することが出来なくなるのです。そのようなわけで、ペスタロッチーによれば、社会的状態は堕落せる自然状態の流血の自由に対する制限に於いて成り立つところのものであるとはいえ、自然状態の変形にすぎず、本質的には万人の万人に対する闘争の継続であり、社会的人間はこの状態のただ中で歪められた満たされざる自然のまったき奸智と冷酷さとをもってこの闘いを進めるのであるというように考えられていたのであります。

　それでは何故に堕落せる自然人は自己の目的を達成することも出来ないような社会的状態に移行してゆかねばならなかったのであろうか。

　この疑問に対してはペスタロッチーは、自然人はこのような移行によって何を失うかを知らず、全く何かに欺瞞されてそうしたのであると答えております。確かに社会的状態は動物的自然の立場からみれば、人類にとっては満たさ

れざる状態であると想定することが出来ます。

　それではこの社会的状態は人類にとっては全く無意義な状態なのであろうか。『人類の発展における自然の歩みについてのわたしの探求』は人類の発展過程そのものを問題として著わされたものでありますが、そもそも発展（Entwicklung）とは、新しいものが単に量的な増加として、より小さい形で古いもののうちにあることを意味するというようなものではない筈です。より高い段階への転化の系列を示すこの用語は、より高い段階への転化は前の段階において用意され、しかもそこには質的変化がみられるということを意味するものであります。それ故に社会的状態についての考察に於いては、動物的存在としてのではなくして社会的存在としての人間にとっての、この状態のもつ意義を考察しないわけにはいきません。自然状態と社会的状態とは異質的なものである筈であります。例えば、感覚的な存在である自然状態に於ける人間、即ち自然人は刹那に生きるものでありますが、社会的状態に於ける人間、即ち社会的人間は瞬間に持続を与えることが出来、彼が生存しているこの瞬間のことだけではなく、明日のことをも、来年のことをも考慮して計画的に生活することが出来るのです。

　それ故にペスタロッチーも、社会的状態への移行の意義を説明して次のように述べていました。

　　「今はどうかと言うと、地上のすべての泥土はいまやその所有主をもっている。もしもそれがあなたのものでないなら、あなたはそれに手を触れてはならない。・・そのようなことをすれば、人々はあなたを絞め殺すだろう。——だが恐れるにはおよばない。あなたはみずから法律（Gesetz）に服したのだから。そしてもしあなたが法律に服さなかったとしたら、地上は動物のすみか（Wohnsitz der Tiere）になったに違いないであろうし、あなたの種族は全荒野の中で一番無力な種族になったに違いないであろうから。だがあなたは法律に服したのだ。そこで今やあなたの洞窟はあなたの家となる。あなたの家はあなたを大地から引き離し、あなたをあなたの家族に結びつける。そしてあなたの家族はさらにあなたをあなたの全種族に結合させる。あなたはいまや財産所有者（Eigentümer）である。あなたはあなたの配慮をあなたの愛する人たちや共に働く人たちの上におしひ

ろげ、あなたはあなたの墓場を越えて配慮する。あなたは何を失ったといえよう。あなたの息子はあなたの相続人であり、あなたの兄弟はあなたの寡婦を守り、あなたの友人はあなたの幼児を教育する。あなたは何を失うのか。あなたが動物としては利用せずにいたものを、努力と秩序と知識とによって、あなたがあなた自身に与えた法の権威をもって、人間的に利用させる手段を無数に見出す。」(P.W.A.XI, S.427)

「社会的状態は本来自然状態の制限において成り立つ」(P.W.A.XI, S.460) ものです。社会的状態に於いては、感覚的動物的存在として是非とも享受しなければならないすべてのものの代償物を享受せんがために、堕落せる自然人は所有の起源における一切の不法を忘れ、そのかわり将来同じ不法が起こり得ないようにするという約束のもとに流血の自由を放棄して社会的自由を獲得することになったのであります。しかしながら人間は動物的存在としては利己的な仕方で行動する以外に行動することが出来ず、またそれを意識してはならないのです。それ故に社会的人間の第一の諸要求はこの状態の中で自己の我欲の誤ちを一般的にまた有効に阻止できる一つの力を強く呼び求め、これら諸々の要求の感じから人類のすべての法律的施設・施策が由来することになります。したがって社会的秩序のためのすべての方策は、社会的状態の中にありながら社会的結合の目的に反して人間の動物的自然が自由に活動することがないように動物的自然の活動の範囲を社会的目的のために制限しようとする社会的制度以外のものではなく、社会契約 (der gesellschaftliche Vertrag) そのものは、社会的に結合している人たちに対して、社会的な目的のためにこの制限を命じようとする確固たる意志 (der sicher Wille, P.W.A.XI, S.390) 以外のなにものでもありません。

それでは、これより、以下では、この状態に於ける人間、即ち社会的人間の在り方に注目してみることにします。

社会的人間は自己自身の中で熟慮と思想とに本能に反する主張を敢えてなさしめようとする一種の力を持っていて、この力の使用において彼は「彼が何を欲するか」(was er gelüstet, P.W.A.XI, S.419) という見地から、あるいはまた「彼が何をなすべきか」(was er soll, P.W.A.XI, S.419) という見地からの、この二つの見地から出発することが出来ます。したがってペスタロッチーは社会的

人間のこの状態に於ける在り方に下記のような二種類の区別を想定することになりました。それは、「自然の作品に屈服せる社会的人間」と「人類の権利を承認せる社会的人間」の二種類であります。では、以下に、それらについて、すこしばかり、説明を加えておくことにします。

（ⅰ）自然の作品に屈服せる社会的状態 — 自然の作品に屈服せる社会的人間

　社会的人間が彼自身の内にもっている力の使用において、もし彼が「彼が何を欲するか」（was er gelüstet）という見地から出発するなら、その力は彼を導き、社会的状態のただ中で彼を彼の動物的自然の欺瞞と不法とを全く顧慮せずに行動させようとします。ペスタロッチーは、社会的人間がこの見地から出発し、彼を制約する社会的な力をもたず、社会的な限界内で調整された意志をもたず、彼の堕落した自然の動物的感情 — 自然の作品としての彼自身 — に屈服したまま社会的状態の中に現れるこの状態を社会的人間の「自然の作品に屈服せる（dem Werk der Natur unterliegend）」（P.W.A.XI, S.526）状態という言葉を用いて表現していました。

　自然の作品に屈服せる社会的人間は、元来彼が自然状態から社会的状態へ移行したのは彼が動物的に無力であるがためにやむを得ずそうしたのか、あるいは彼がもっている絶大な諸力に刺激されて自ら進んでそうしたのか、そのいずれかであったのだと考えられます。このような人間は社会的状態の中で不相応な社会的勢力をもつと、彼の同胞との真実の関係を誤りなく理解することが不可能となり、またそのような力は個人としての弱さの感じを消し去るので、その弱さに応じて彼の動物的要求を心のうちでさしひかえることが出来なくなります。したがって自然の作品に屈服せる社会的状態にあっては、権力者は人類の弱者を機械として利用し、他方、一般大衆は自分に不利などんな権利をも知らない権力の鎖につながれると、社会的状態の中にあって再び彼の自然状態のまったき頼りなさ、まったき鈍感の状態に転落し、その阻害された人間の内部にやがて彼らの自己保存の感情が目覚めると、今度は逆に過激革命主義（Sansculottismus, P.W.A.XI, S.432）の内部感情がひろまることになります。そして、それによって社会的状態の崩壊が迫ってくることになるのです。そのようにして自然の作品に屈服せる社会的状態は、遅かれ早かれ最後には社会的状態の

崩壊を招来することになります。

(ⅱ) 人類の権利を承認せる社会的状態 ― 人類の権利を承認せる社会的人間

　　社会的人間が彼自身の内にもっている思想をして本能を支配させるこの力の使用において、「彼が何をなすべきか」（was er soll）という見地から出発するという場合には、この力は次のような情調に彼を導くのであります。即ちこの情調においては、社会的人間は欺瞞・不法・怠惰・暴行・苦役の強制・奸計・独占・我儘および恣意的暴力など、およそ自然の作品に屈服せる社会的人間の特徴をなす全てのものを軽蔑し、彼が認識出来る最貴最善のものを全力をもって追及しながら、ひたすら内面的完全さ（innere Vollkommenheit, P.W.A.XI, S.420）を求めます。ペスタロッチーは社会的人間がこの見地から出発し、社会結合の目的を承認して彼を制約する社会的な力と社会的な限界内で調整された意志をもって社会的状態の中に現れるこの状態を「人類の権利を承認せる（Das Recht meines Geschlechts erkennend）」（P.W.A.XI, S.531）社会的状態という言葉を用いて表現しております。

　　人類の権利を承認せる社会的人間は彼の動物的な力が彼の動物的欲望と不釣り合いであることを十分知っているので、社会的状態によって再度彼自身の内に失われた我欲（Selbstsucht）と欲望（Begierde）との調和を打ち立てようとします。人類の権利を承認せる社会的状態のすべての技巧はこの目的を目指す不断の努力であるといえます。だがしかしその努力には無数の失敗が刻印され、社会的状態に於いては人類は決して完成されることはありません。人類の権利を承認せる社会的人間は彼の動物的自然の諸要求と社会的合法性の諸要求とを区別し、後者に味方しようとするのでありますが、彼の自然的本性は本来この両者を区別しないので、立法の力が彼の自然（Natur）を拘束しないときには、たちまち彼の動物的我欲は彼の社会的合法性を呑みつくし、その強力な手で彼を導き、あらゆる状況に於いて彼の市民的独立の概念を彼の特殊な地位に於ける我欲の感情と結合させようとします。

　　それ故に、動物的存在としての人間を人類の権利を承認せる社会的人間に形成するためには、一般に彼の動物的自然の個人的諸要求を抑制し、彼

の動物的自然の奥底にある感情を社会的権利と社会的秩序とにとって都合のよいものに変調し、奇形化する（verstümmeln）ことが必要になってきます。勿論、ペスタロッチーはこのような奇形化（Verstümmelung）の必要性を十分に認めてはいます。しかし彼はこの奇形化によって社会的人間が人間として完成されるだろうとは考えてはいなかったのであります。彼は次のように考えていました。即ち、

> 「社会的権利（das gesellschaftliche Recht）はわたしを満足させず、社会的状態はわたしを完成しない。わたしが単なる動物的な感覚的享楽（tierischer Sinnengenuß）の地点に安住出来なかったように、市民として申し分なく育成された境地にもわたしは安住することが出来ない。いずれの場合にもわたしは、その境地が与える育成によって奇形化され、わたしの魂の中には不信と不正とが入り来たり、如何なる社会的権利もそれを常に消さないのである。」（P.W.A.XI, S.482）

ペスタロッチーによれば、社会的状態は人類を決して完成させることは出来ないのであります。社会的人間の動物的自然に与えた裂け目は何らかの填もの（Ausfüllung）を強く要求するし、あるいはまた社会的状態の中で高尚にまた合法的に行動しようとする人類の権利を承認せる社会的人間の意志も常に彼の地位における自己保存の動物的衝動に従属してあらわれるものであるので、この状態に於いては社会的人間の目的そのものも、またこの目的に彼の最も強い衝動のあらゆる力を賦与してそれを生動せしめる彼の動物的自然も、社会的人間の認識し得る最貴最善のものに対してどうしようもない限界をおくことになります。"Sollen"という見地から出発した人類の権利を承認せる社会的人間もこの状態のただ中で自己否定（Selbstverleugnung）を迫られるや、もはや"Sollen"の意識のもとに、それ自体としては彼が軽蔑している彼の自然の動物心が彼の内心の品位を損なうことがないように"Wollen"することが出来なくなってしまうのであります。そのとき人類の権利を承認せる社会的人間が彼の自然（Natur）の我欲と弱さとの二つの側から圧迫されて、不本意にもそれらの犠牲になると、その時には人類の権利を承認せる社会的人間も自然の作品に屈服せる社会的人間になってしまいます。自然の作品に屈服せる社会的人間、あ

るいはその状態については（ⅰ）（本論考、27頁-28頁）で言及した通りであります。

　以上言及したように、『人類の発展における自然の歩みについてのわたしの探求』での自然人や社会的人間についての考察に於いて、いずれにしても、ペスタロッチーは、自然人は「堕落せざる自然状態」にとどまり続けることを得ず、そしてまた、社会的人間も「人類の権利を承認せる社会的状態」にとどまり続けることを得ず、それぞれ順次、「堕落せる自然人」、「自然の作品に屈服せる社会的人間」に化してしまうと想定していたということを明らかにしてきたのでありますが、もしも自然人が「社会的状態」への進出によって、その可能性の終点に到達したものであるとするならば、人類の先行きは絶望的なものになってしまうに違いないのであります。しかし、「事実は、人間とはそんなものではない。ペスタロッチーがこの状態の限界をこえる歩みをしている間に、彼にはさらに一層広大で明るい人間的可能性の領域への展望がひらける。・・自然状態と社会的状態との上に道徳的状態がそびえ立つ。一般的な状態・秩序・規定が用をなさなくなると、人格的良心によって鼓吹されまた統制される個人の道徳的意志が活動を始め、動物的要求をその監視の下におき、そして如何なる法的措置も出来ないほどにそれを制限する。」[6]とテオドール・リットも述べているように、人格的良心（Gewissen）によって鼓吹されまた統制される個人の道徳的意志が活動を始める、というのであります。

　ペスタロッチーは「現世を肯定しながらも、その底に根強く巣食う悪魔を見て、どうしても現世肯定の一面に留まることは出来なかった。歴史を動かす二つの力、現世的な悪魔の力と、現世に於いてこそ善を実現して、これを天国に近づけようとする天上の力、この二つの力の弁証法の中に、ペスタロッチーは歴史の本質構造と人間のそれを洞察した」[7]のであります。即ち、社会的人間が彼の我欲と弱さとの二つの側から圧迫されてそれらの犠牲になるとき、彼の心の奥底に一つの新たな要求が生まれます。そ

6　TEODOR LITT : DER LEBENDIGE PESTALOZZI, DREI SOZIALPÄDAGOGISCHE BESINNUNGEN, Dritte, unveränderte Auflage, 1966, OUELLE & MEYER・HEIDERBERG, S.73

7　テオドール・リット著、渋谷久雄・杉谷雅文 共訳：『生けるペスタロッチー』、理想社、昭和35年、167頁

のようにしてこの要求を満足させんがために、

「一般に人が・・自然状態から社会的状態への進歩ないし国家的状態（市民的状態、文明）への進歩をも、道徳的醇化としてみなそうとしていたことが普通のことであったのに対して・・それを断固として否定して『道徳的なもの』を個性の最も深い内面にあるそれ自身の根底の結果として生じさせる。」[8]

「ペスタロッチーは自然法の典型的な基本形式を、・・『人類の発展における自然の歩みについてのわたしの探求』に於いて非常に変化させたので、その結果まったく彼に独特な思想形式が出てきたのである。」[9]

上記のようにも言われるような思想形式をとり入れ、彼の動物的自然（tierische Natur）と彼の社会的硬化（gesellschaftliche Verhärtung）との全ての堕落を自己自身の中で消滅させ根絶させる（in mir Selbst auszulöschen und zu vertilgen）（P.W.A.XI, S.486）義務を承認するように導かれることになります。道徳的状態（der sittliche Zustand）への移行の始まりです。

3．道徳的状態 — 道徳的人間
(Der sittliche Zustand — sittlicher Mensch)

ここまでは、人類の権利を承認せる社会的人間も社会的人間としては彼の認識し得る最貴最善のものに対してはどうしようもない限界をもち、この状態のただ中で自己否定を迫られるや、もはや"Sollen"に徹することは不可能になるということ、即ち社会的人間としての人類は彼のすべての関係において不法が加えられないようにするためにはいつも全ての不法を行うものであるということを述べてきたのでありますが、ここでは、人間が不法を行うよりもむしろ不法を蒙れという高い境地に自己自身の意志によって自己自身を向上させるということが問題となっております。

ケーテ・ジルバーは自然状態から社会的状態への移行を次のように述べてい

8　EDUARD SPRANGER : PESTALOZZTIS DENKFORMEN, Dritte Auflage, 1966, QUELLE & MEYER・HEIDELBERG, S.42
9　前掲書、S.42

ました。

　「1780年代には、彼は、『人間の自然権と自然の幸福とはなんであるのか、どうして人間はそれを失うに至ったのか、何によって社会的状態の利益は人間に人間の自然の喪失に対する補償を与えるのか』という問いになおも、『人間の自然の要求を充たすことによる以外はない』という『夕暮』のやり方で答えていた。彼は『人間が社会的状態において道徳的になりうる』と信じている。道徳の概念はいまなお『個人的状態』や『克己力』の思想と密接に関連している。即ち人間は、満足しているときにのみ有徳である。彼は自分の個人的要求が充たされているときにのみ満足する。彼の個人的要求は彼がそれを制限するときにのみ充たされる。『結果的にはわたしたちの欲望の制限は徳の源泉である』。『人類の自然状態（Naturzustand）から道徳的状態への進歩』は、それ故に本質的に陶冶された克己者の力を要求する。次の数年のうちに、ペスタロッチーは、加速的な尺度で、人類が社会的な結合をして享受した進歩は実際にそれほど大きなものであるのかどうか、と疑い始めた。そして彼の探求が彼にもたらす認識は、彼にとって『全然快いものではない』。本来の『探求』のための草案は、権力と権利、人間と社会、必然と自由といった概念を明瞭にするための彼の困難な年輪を示している。自然状態と社会的状態との境界は流動的となり始めた。後者はただ財産の保証という機能によってのみ前者から区別される。道徳はいまや『私の我欲の感情と私の好意の感情との結合』であるが、まもなく我欲に対する『確実な好意の優位』となる。次の段階は、道徳はわたしの自由な意志の産物だという認識である。だがしかし厳しい断絶を避けるために、意志と義務とは目の前にあることがらへの『動物的な接近』に結びつけられる。しかし道徳は社会的な関連をこえて高められる。道徳はなにか全く独立したもの、つまり第三の状態である。」[10]
では、『人類の発展における自然の歩みについての私の探求』においては、「道徳的状態」なるものを、実際、彼は、どのように想定していたのであろうか。
　ペスタロッチーによれば、動物的存在としての自然人も社会的存在としての

---

[10] Käte Silber：PESTALOZZI, Der Mensch und sein Werk, Quelle & Meyer, Heidelberg 1957, revidiert von der Autorin für japanische Auflage, 1976, S.90 f.

社会的人間も、彼自身の自己保存を危うくするような何らかの仕方で自己自身を完成し得るとは考えることができません。しかしながら道徳的状態に於ける人間にあっては事情が違っていると考えられてきていました。

　自然の作品に屈服せる社会的状態に於ける人間の心の奥底に自己自身の心がけ次第では自分は自然（Natur）と人類（Geschlecht）とが単に動物的な、あるいはまた単に社会的な被造物（Geschöph）として自己を形成しうるよりももっと高貴な存在にまで自己を形成することが出来るのだという感情が芽生えてくると、この感情は道徳的な力と結びつき、彼の動物的自然（tierische Natur）と社会的硬化（gesellschafliche Verhärtung）との全ての堕落を彼自身の中で消滅させ根絶させる義務を承認するように導かれていくことになります。

　この状態に於ける人間、即ち道徳的人間はこの世の万物を彼の動物的欲望や社会的諸関係とは無関係に、ただそれが彼の内面的高貴化（innere Veredelung）のために何をするのかという見地だけから表象し、また万物をただこの見地だけから求めたり斥けたりする一種の力を彼自身の内にもっているのです。したがって道徳的人間は社会的状態の如何なる誤ちに対しても如何なる不法に対しても彼の内心を荒ませることのまったくない高い境地に彼自身の力によって向上することができるのです。

　ペスタロッチーは、この力は「私がなすべきこと」（was ich soll, P.W.A.XI, S.494）を「私が意志すること」（was ich will, P.W.A.XI, S.494）の法則とするなら私は自己自身を完成するという人間に本来内在する感情から生まれたものであると考えています。人類の権利を承認せる社会的人間もなるほど"Sollen"という見地から出発しはしたが、「自己否定」（Selbstverleugnung）を迫られるともはや"Sollen"に徹することはできなかったのであります。しかし、ペスタロッチーがここで述べている「私がなすべきこと」を「私が意志すること」の法則とするなら私自身を完成するという言葉は、"Sollen"という見地から出発した人間がたとえ自己否定を迫られたとしても、彼の動物的自然と社会的硬化とによって制約されることのない「自由な人間的意志」（der freie menschliche Wille, P.W.A.XI, S.485）をもって"Sollen"に徹して生きるなら、人間は自己自身を内的に完成することが出来るということを意味するところのものであったのであります。

それでは人間はどうしたら"Sollen"を"Wollen"の法則とすることが出来るのでしょうか。堕落せざる自然状態にあっては我欲と好意とが調和していました。それ故にこの状態に於ける人間は平和で善良な好意的な存在であることが出来たのです。社会的人間は自然状態の中で失われたこの調和を、我欲（Selbstsucht）と愛（Liebe）との調和という形で再建し、それによって社会的状態のただ中で平和で善良な好意的な存在になろうとしました。

　しかしながら人類の権利を承認せる社会的人間が限界をもち、"Sollen"を"Wollen"にすることが出来なかったということからも推察されるであろうように、この愛は「自己肯定的なもの」で未だこの状態に於いては「自己否定」の機能をもつものではなく、結局、社会的状態の中では我欲と愛との調和は不可能でありました。それ故にペスタロッチーは"Sollen"を"Wollen"にするための考察に於いては「好意と我欲との均衡」（Das Gleichgewicht des Wohlwollens und der Selbstsucht, P.W.A.XI, S.508）に注目することになります。この考察に於いてペスタロッチーは、社会的状態において均衡と呼べるものはその本質からみればこの均衡を破壊する情調に人類を導くものであると考えています。即ち好意と我欲との均衡はこの状態に於いてはまったく不可能であり、真の均衡は我欲に対する好意の優越に基づいてこそ可能になると考えるに至ったのであります。それ故に"Sollen"を"Wollen"にすることも、彼によれば、我欲に対する好意の優越によってこそ可能になるものだと考えられています。ペスタロッチーはこのことを説明して次のように述べていました。即ち

　「人類も常にただただこの好意の優越によって道徳的となる。すなわちわたしが『わたしの意志の自由』（Freiheit meines Willens）によって『わたしの動物的自然の調和の基礎』（die Grundlage der Harmonie meines tierischen Natur selbst）を敢えてみずから『破壊（止揚？）』（aufheben）し、そして動物的我欲のあらゆる要求をもつわたしを、わたしの意志とこの意志の醇化せられた好意との自由な働きに従わせることによって道徳的となる。」（P.W.A.XI, S.508）

　ペスタロッチーのいう道徳（Sittlichkeit）は人間が自己自身を高貴化しようとする ── 正しく行動しようとする（recht zutun）── 純粋意志（reiner Wille）を彼の認識の一定の型および彼の境遇の一定の状態に結びつける方法にほかな

らず、彼が父として子として官吏として臣下として自由人として奴隷として、すべての境遇において「彼自身の利益や彼自身の満足」を求めるよりも、むしろ彼が配慮し世話し保護しその権利を重んじ、また服従し信頼し感謝し献身すべきであると彼が確信する「すべての人々」の利益と満足とを求めようとする純粋で正しい努力をなす方法にほかならなかったのであります。

　動物的存在としての人間も社会的存在としての人間も、彼ら自身の自己保存を危うくするような自己否定によって自己自身を完成しうるなどとは考えることが出来ません。人間が人間の領域に縛られている限りは、彼には自己否定を行うことは出来ない。それならば如何にしたら人間はそれを行うことが可能となるのであろうか。理屈の上では我欲に対して好意を優先させれば"Sollen"を"Wollen"にすることは出来る筈であるのだが、道徳的人間は"Sollen"を"Wollen"にする力をどこに求めたらよいのであろうか。ペスタロッチーは、道徳的人間は彼の予感の力（Ahnungsvermögen）によって動物的自然と社会的硬化とによって汚されているこの世で可能なすべての探求と知識との限界を超えて彼自身の、即ち被造物としての人間の存在の根源にまで（zu der Quelle meines Dasein）自己自身を高め、そこに彼の本性（Natur）の悪（Übel）と弱さ（Schwäche）とに打ち克つための助力と救いとを求めるのであると考えていました。

　人間の動物的自然のすべての力は自己否定という自らにとっていとも恐るべきこの措置に反抗します。しかしながら道徳的人間は彼の自由な意志の力を彼の自然の力に対抗させます。道徳的人間は神を畏れ、かくすることによって"Sollen"を"Wollen"にしたいということを意志します。

　ペスタロッチーは以下のように述べていました。

　　「彼は神を畏れ、かくすることによって正しく行うことを得たいと意志する。彼は神を畏れ、かくすることによって、それ自体としては彼が軽蔑している彼の自然の動物心がこれ以上彼の内心の品位を損なうことが出来ないようにしようと意志する。このために彼がなしうることが何であるかを彼は感知する。そして彼は彼がなしうることを、彼のなすべきことを決めるための法則とする。彼が自己自身に与えるこの法則に従うとき、彼はわれわれの知るすべての存在から自己自身を区別する。」（P.W.A.XI,

S.419)

このような彼のこの言葉によって、「私がなすべきこと」を「私が意志することの法則」とするなら、「私は私自身を完成する」という道徳的人間に本来内在する感情の意味が一層明確なものとなるのであります。道徳的人間は、神を畏れ、かくすることによって正しく行うことを得たいと欲するのです。真の宗教をペスタロッチーがキリスト教に求めていたということはいまさら説明するまでもないことでありますが、彼自身、

「お前の本性のこの大胆な冒険、おまえが単に感覚的自然である限り、自己自身からのこの死の飛躍（Salto mortale）、それは滅殺（Abtötung）と言ってもよい、それは再生（Wiedergeburt）と言ってもよい、それは精神をして肉体を支配させようとするお前の全本質の最高の努力であり、わたしの動物的本質そのものをわたし自身に逆らって燃えあがらせ、わたしの手を不可解な戦いのために振りあげさせるわたしの本性の中に生きているより善き力であろう。」（P.W.A.XI, S.418）

と、上記のように述べていることからも明らかなように、そこには、「死の飛躍」なる考え方を持ち込まなければ、到底、説明し得ないようなものがあったのであります。このため、『人類の発展における自然の歩みについてのわたしの探求』に於いて展開されたペスタロッチーの歴史哲学に対しては、さまざまな見解が現れることにもなりました。＊

  ＊ o KÄTE SILBER : PESTALOZZI, S.93 には次の語句が記されている。

    「この著作の表題は本来的にその内容と一致していない。なぜならば、‥『人類の発展』を含んではおらず、人類の本質についての理論を含んでいるからである。それは近代性を要求する人間学である。」

   o THEODOR LITT : DER LEBENDIGE PESTALOZZI, S.36 ff., S.46 には順次つぎのような語句が記されている。

    「『弁証法的』思惟は『悟性』が正しく評価することのできない対立・矛盾を理解することが生じた場合、仕事のために呼ばれるものである。‥‥否定というものを包括的で積極的なものの力によって『止揚（Aufhebung）』にまでもたらす。最初は悪を全否定性において正しく解釈するが、しかし、悪を善に対しては抑制されない反対審級として立たしめるのではなく、

II.『人類の発展における自然の歩みについてのわたしの探求』と歴史哲学　37

その対立状態から解放して止揚された要素として包括的な善に屈服させるあの歴史哲学は、それゆえに弁証法的にふるまっているのである。・・・今やわれわれは、ペスタロッチーの作品（『探求』）がその構造の大きな輪郭に於いてのみならず、詳論の多くの細部に於いてもまた弁証法の精神によって規定され、支配されていることが認められる。彼が人間存在の全体的な把握に於いて区別できると考えているものは、三つの状態（Zustände）である。即ち自然的（natürlich）、社会的（gesellschaftlich）、および道徳的（sittlich）の状態である。これらの状態の対立は鋭い対立の関係にある。だがしかしそれらは、それらを自己の内で結合している人類の実存の中で共存しなければならないのである。これらの状態の下に人間が順を追って(nach in ander)経過する『段階』は、『悟性』の思惟にとっては、当然である。――その考え方は、実際、ところどころにあたかもペスタロッチーが、それらを以て互いに解消しあう段階を考えたかのように思われる、ということによって更に助成されている。・・・弁証法的思惟は、矛盾を根絶することなく、互いに相対立するものの外面的な分離と絶交する一つの動きを起こさせる。『自然状態』は完全な満足を欠いているが故に、自己自身を超えて、『社会状態』に到達する。この『社会状態』は、『自然状態』の欲求も迷いも解消へともたらさないが、しかしながら十分に社会状態はそれらを『自然状態』に拮抗する形式の中に、無理に押し込む。このやり方で広げられた対立は再び『社会状態』に落着きを与えないで『道徳的状態』に追い込んでゆく。この『道徳的状態』は『社会状態』について罪を正すことを行うが、しかし、この社会状態の否認や破壊によってではなく、自分自身の意志をこの自分に反抗する社会的状態の脆さの中に投げ入れることによって、それを行うのである。そして、この浄化作用に於いて、『道徳的状態』の方が再び『自然状態』に立ち戻る。そこでは道徳状態はこの自然状態の初期的純潔を ― もちろん、手を加えず、自分自身の中に取り入れるのではなく、自己の高さに相応しい変形に於いて、それを目標として見つめながら、取り入れるのである。この停止することのない思惟運動にあっては、相対して緊張させられている性向を物質的たると時間的たるとを問わず、分離された領域に割り当て、ことを一種の外面的な対立関

係に持ち込むことが許されているかのような考え方は消えうせる。・・・そのようなことは弁証法的思惟にとってのみうまくゆくのである。」

「ペスタロッチーの思考は、その形態にしたがえば、『弁証法的』と名付けることができるにしても、しかしこの思考はまったく弁証法の形態で、歴史として実現される『理念の自己運動』を見えるようにすることを目指したことはない。それ故にこの『人類の発展』の理論は、この表題によって引き立てられた期待に反して、あるいは起こるかもしれない目標のはっきりした何らかの全体的組織への歴史的過程を調べるというような考え方をすこしもしていないが、それは全く過失でも失敗でもない。いったん『人間の迷妄の恒常的同一性』について確信した者は、もはや精神の漸進的自己醇化への信仰に余地を与えることは出来ない。彼にとっては歴史は『悲惨と幸福・妄想と精神の大高揚との巻き糸』であり、またいつまでもそうなのである。」

o　EDUARD SPRANGER：PESTALOZZIS DENKFORMEN, S.126, S.47, S.77 には次の語句が記されている。

「わたしのペスタロッチー研究のかなり多くの箇所で、わたしは次のことを詳述している。即ち根本的諸力の発展は動物的・本能的なものから精神的なものへと裂け目なく高まってゆくのかどうか、あるいはまた、こうした裂け目のない発展の線上での一種の覚醒の経過は、一層深い層の突然的な発現を容認するのかどうかに関しては、ペスタロッチーは全く一義的には決定していないのである、と。前者の見解をわたしは連続観（Kontenuitätstandpunkt）と呼んでいる。後者はカントやフィヒテ的な自由の哲学の意味で二元論的と呼んでよいであろう。」

「超越への転回がもたらす根本的な問題は、基礎陶冶のメトーデとの関連で、再び現れるであろう。ペスタロッチーは二つの見解のあいだを動揺している。即ち、一方では、人間における精神・道徳的なもの（das Geistig-Sittliche）はすべての動物的なものから区別されると、彼には考えられている。その場合にそれでもって人間のうちに、一つの、まったく新しい層、つまり、一般に人が再生とか、厳格な二元論について語らなければならないような層がもたらされるのである。しかし他方では、ペスタ

II．『人類の発展における自然の歩みについてのわたしの探求』と歴史哲学　39

ロッチーは真の道徳的な母性愛（Mutterliebe）を動物的な養育本能とも結び付けようとしている。」

「しばしば感性的・動物的なものから精神的・道徳的なものへの移行は、まったく別の『第二の層』の突発のごとき裂け目のようにあらわれる。そこで母親の愛の本能的なものはおよそより高いもの、自立的な道徳的愛、つまり最も人間的なものによって確実に乗り越えられているのである。しかもまた、しばしば連続性の原理も守られている。その場合に本能的な愛の『初歩点』のなかに、精神的なもの―『信仰と愛』―があらかじめ形どられ、包みこまれているのである。」

o　シュプランガー著・吉本　均訳：『教育の思考形式』（明治図書、1962、6頁－7頁）には、次の語句が記されている。

「ペスタロッチーの全体系を終始、支配しているもう一つの根本的な思考形式は、連続の論理と非連続の断絶の論理との問題である。」

「しかし他方では、かれは、連続の原理に相反して、精神化の過程を『まったく別の』過程の発想として考えるような思考態度を示している。たとえば『お前の本性のこの大胆な冒険、お前が単に感性的自然であるかぎりの自己自身を越えていく死の飛躍（サルト・モルターレ）』、それは‥と。この点は、現代の哲学者によって、しばしば、ペスタロッチーにおける実存的な思想の契機だとされているところである。」

o　KÄTE SILBER : PESTALOZZI. Der Mensch und sein Werk, Quelle & Meyer, Heidelberg 1957, revidiert von der Autorin für japanische Auflage (1976, S.98) には次の語句が記されている。

「この地上には如何なる『純粋道徳』（reine Sittlichkeit）も存在しない。そのようなもの（純粋道徳）は、そこでは動物的な力と社会的な力と道徳的な力は分離されずに、きわめて密接に相互に織り合わされてあらわれるわたしの本性（Natur）の真理に反する。純粋道徳は、そこからわたしが出てきた地点へ、即ち『邪悪や悪徳や危険を知ることなしの』無邪気（Unschuld）へと、わたしを連れ戻すであろう。動物的無邪気と純粋道徳の中間には、しかし前者にとどまることもまた後者へと完全に高まることも出来ない生きた人間（lebendiger Mensch）が存在する。この『中間状態』

(Mittelstand)の闘いと経験の中でのみ、わたしは『真実のわたしの本性とわたしの境遇の全体を包括し完成させる道徳』の承認に成功する。一種の実存的な姿勢（exsistentielle Haltung）である。」

o　HANS BARTH：PESTALOZZIS PHILOZOPHIE DER POLITIK, Zürich (1954.vgl. S.50 f.) には次の語句が記されている。

　　ペスタロッチー（Pestalozzi, J.H., 1746-1827）は、人類の発展過程にあいつぎ継起する三状態 ― 自然状態・社会的状態・道徳的状態 ― の存在を想定し、それら相互の関係 ―「感覚的享楽」（Sinnengenuß）と「社会的権利」（gesellschaftliches Recht）と「道徳」（Sittlichkeit）の関係 ― を個人生活に於ける「幼児期」（Kinderjahre）と「青年期」（Jünglingsjahre）と「成人期」（Männeralter）との相互の関係になぞらえるとともに、それら三つの状態を、時には、人生の幼児時代（Kinderalter）、修業時代（Lehrejahre）、成熟時代（Reifezeit）などとも呼んでいました。勿論、そのような発想の仕方に対しては、今日、疑義を呈する人たちがいても当然であります。何故なら、そのような彼の見解に認められる個々人に於ける生の歩みの時間的な順序をそのようにみる見方は、歴史哲学の樹立という見地からしても、三つの存在状態（drei Zustände Daseins）を人類の歴史的な進化であるとみる見解に導くものではないように思われるからであります。例えばペスタロッチーにとって、人間が自然の作品（Werke der Natur）である動物的な状態から出てその種族の作品（Werke des Geschlechtes）になる社会的な状態に移行することが、一つの時間的な経過であると考えられていたにしても、だからといってわたしたちに、人類の成長過程を個人の生の歩みとよく似たプロセスと見做させる権利などはないと思われるからであります。人類は最初は動物的に、次には社会的に、そして最後には道徳的に存在したとか、道徳的に存在するようになるであろうという見解には疑義があります。人類が全体として、また、単位として、生活年齢（Lebensalter）の順序段階を通過し、この時間の究極において予定された目標に到達するか、あるいは、とにかく可能な完成という程度にまでこの目標に近づくという意味では、人類自体は歴史的過程の主題となるが、人類の歴史のそのような解釈は、なるほど18世紀の歴史哲学的な概念にとっては高度に受

け容れられたに違いないと言えるかもしれないが、ペスタロッチーにしたがえば人間を特徴づけている諸力の階級序列は、人類発展の時間の中に持ち込めば、一つの向上の図式（Schema eines Aufstiegtes）を提供することになります。そして時間において区別されたこの能力の階級序列は、その場合には、自然（Natur）と文化（Kultur）との間の、無自覚な理性（unbewußte Vernunft）と自覚的な理性（bewußte Vernunft）との間の対極性によってその初めと終わりとが決定されているような、楽天的な歴史哲学の基礎を形成し得るものになってゆくのではないかと思われます。

したがって、それらについて整理すれば、『人類の発展における自然の歩みについてのわたしの探求』に於いて展開されたペスタロッチーの歴史哲学のとらえ方には、大凡、以下のような傾向があったのではないかと推察されます。

その一は、そこで展開された内容は「人類の発展」に関する理論ではなしに、「人間の本質」に関するそれである、ということであり、

その二は、そこで展開された内容の構成は、人類の発展過程を「順を追って」経過する「段階」とみる弁証法の精神によって規定・支配されているが、しかしそこには歴史として実現される「理念の自己運動」の明示を意図するという考え方は認められない、ということで、

その三は、そこでは、人間の本性にそなわる根本諸力の発展方法が、連続観 ── 動物的・本能的なものから精神的なものへと断絶しないで高まってゆくとみる見方 ── と二元論 ── 根本諸力の発展の途上で行われる一種の覚醒をいっそう深いところにある層の突発的な発現とみる見方、人間の本性に内在する精神的・道徳的なものを感性的・動物的なものから区別する見方 ── との両面から考えられている、ということであって、

その四は、そこには、「母性愛」についての、連続の論理 ── 真の道徳的な母性愛を動物的養育本能と結び付け、本能的な愛の「初歩」のなかに「精神的なもの」・「信仰と愛」があらかじめ形どられ包みこまれているとみる見方 ── と非連続な断絶の論理 ── 感性的（動物的）なものの精神的・道徳的なものへの移行は断層をなしてあらわれるのであるから、それと同様、本能的な母親の愛はそれとは断層をなして出現するより高い自立的な道徳的な愛・真の人間的な愛によって完全に乗り越えられるとする ── との論

理が認められるということ。そして、

　その五は、精神化の過程を「まったくべつの」過程の発想とみる思考態度 ―「死の飛躍」（サルト・モルターレ）― が認められるが、それはペスタロッチーに於ける実存的な思想の契機を示すものであり、生きた人間は動物的無邪気と純粋道徳との「中間状態」の闘いと経験の中でのみ、人間の本性と境遇との全体を包み完成させるとするペスタロッチーの見解には、一種の実存的な姿勢が反映されている、ということで、

　その六は、人類の発展過程に相次ぎ継起する三状態の存在を想定し、それら相互の関係を個人生活における幼児期と青年期と成人期との相互の関係になぞらえるというペスタロッチーの歴史哲学と人間観に対する反論である。

　ペスタロッチーによれば、道徳は全く個人的なものであると考えられていました。道徳的人間は良心（Gewissen）の力によって、人類の動物的自然と社会的硬化との全ての不法を認識し、自己否定によって自己自身を内面的に高貴化しようと努力します。人類は道徳的本質であるときだけ、不法を行うよりもむしろ不法を蒙れという高い境地に自己自身を自己の意志によって高めることが出来るのです。ペスタロッチーは道徳的人間のことを「人類の権利を承認せる社会的人間」とか「自然の作品に屈服せる社会的人間」などの用語との対比に於いて、「わたし自身の作品」（Werk meiner selbst）などとも呼んでいました。

III. 人間観と幼児観

　ペスタロッチーは、「人間は、本来の意味の社会的状態の中では（in gesellschaftlichen Zustand als solchen）いつでも動物的無邪気（tierische Unschuld）と道徳的純粋さ（sittliche Reinheit）との間にある迷える堕落せる中間的な存在（ein verwirrtes, verdorbene Mittelding）としてあらわれる」（P.W.A.XI, S.518）ものであると捉えていたのでありますが、そのような彼の考えは、後に、整理され、披瀝されることになる「人間観」や「幼児観」、「直観のABC」、基礎陶冶の「メトーデ」の実質的な担い手である母親の「母心」（Mutterherz）、等々に於ける彼の思想に色濃く影をとどめることになります。

　繰り返すことになりますが、ペスタロッチーは幼児期と青年期と成人期との相互の関係を次のようにみていました。

　個人生活では、幼児期には、人間は、動物的純潔（tierische Unverdorbenheit）に最も近く、そのためにまた最も動物的で、感覚的享楽が生の目的の全てであるのでありますが、反面、この時期には人間は、また、彼の苦痛の真相によって衰弱するように快楽の迷い（Irrtum）によっても衰弱するのであると考えられていました。したがってペスタロッチーによれば、この時期の人間は快楽と苦痛との双方からくる害悪（Übel）を克服しうる一つの力を幼児の快楽（Kinderlust）と成人の権利（Mannsrecht）との中間状態である徒弟の状態（Lehrlingsstand）のうちに求めることになります。しかしながら、この徒弟の状態にあっても、人間は幼児の日々（Kindertage）の全ての魅力を失うだけで、しかもいまだ成人期の自由と権利とをもってはいないのです。そして、そのようなときに、師匠（Meister）は師匠の権利（Meisterrecht）をもって自然の権利を捨てて別の一つの目的をとるように迫るので、その時期にある人間は、全く協定と契約の産物（ein Geschöpf des Verkommnisses und der Vertrages）と化してしまい、すべてのものを彼の師匠との関係においてみなくてはならなくなってしまいます。そこでは、将来に対する希望だけが、自由も権利ももたない彼にとって、自由と権利との代償物となるわけであります。もちろん、この夢のような希望が彼の動物的な自然を実際に満足させる筈などないのでありますが、そうは言っても、将来の生活と幸運と安全とはまったくこの関係に於

ける相互の真実（Wahrheit）と誠実（Treue）とにかかっていることから、この関係は彼の側に彼の生得的自由（Naturfreiheit）をきっぱりと諦めて彼の徒弟時代のすべての制約（Einschränkungen）に確固としたがうよう、要求するのです。でも、感覚的享楽の状態に終末があるように、この協定（Verkommnis）の状態にも終末があります。その時、彼は実際に師匠となり、すべてのものをそれが彼自身に対し、また彼の生（Leben）の全目的に対する影響はどうかという見地からみることが出来るようになります。そしてその結果、自由（Freiheit）と独立（Selbständigkeit）と自己自身の権利（eigenes Recht）とは彼の存在（Dasein）にとってただこの時期だけのものであるということが明らかになります。即ち、それまで彼が幼児期の人間として、また青年期の人間として世界の万物をみてきた二様の見方（Art anzusehen）は明らかに彼の無知（Unwissenheit）と無力（Kraftlosigkeit）との結果であり、また自己自身の権利の独立（Selbständigkeit）の欠如の結果であることが明らかになります。しかも、ペスタロッチーはここでは幼児期と青年期と成人期との間の相互の関係を自然状態に於ける人間と社会的状態における人間と道徳的状態に於ける人間との相互の関係と類似せるものであるとも考えていました。過去のことですが、生物学の領域で使用されていた原理に「個体発生は系統発生を繰り返す。」という「約説原理」なるものがあったとのことでありますが、個人に於ける発達の過程を個体発生、そして、人類の発展過程に於ける進化の過程を系統発生としてみれば、ペスタロッチーは、もしかしたら、そのような考え方を用いていたのかも知れないのであります。[11]

1. 全人間と半人間 (ganze Menschen und Halbmensch)

『人類の発展における自然の歩みについてのわたしの探求』(Meine Nachforschungen über den Gang der Natur in der Entwicklung des Menschengeschlechts, 1797) で展開された人間観というのは、人類は、その歴史的な発展過程において自然状態（Naturstand）から社会的状

11　P.W.A.XI,vgl.S.495 f..

態 (gesellschaftlicher Zustand) へ、社会的状態から道徳的状態 (sittlicher Zustand) へと進化発展するように、一個人の生涯においては、それを、幼児期 (Kinderjahre, P.W.A.XI, S.494)、青年期 (Junglingsjahre, P.W.A.XI, S.494)、成人期 (Männeralter, P.W.A.XI, S.495) という三つの異なる時期によって再現し、同時に、生まれたばかりの人間の本性にも、それら三状態における人間の特性が、同時的に異なる本質 ― 動物的本質 (tierisches Wesen, P.W.A.XI, S.451)・社会的本質 (gesellschaftliches Wesen, P.W.A.XI, S.451)・道徳的本質 (sittliches Wesen, P.W.A.XI, S.451) ― として最初から具わっているのであるとする内容をもつものであったのであります。それ故に、人間の本性に素質として内在するそれら三種の異なる本質を有機体的発展の法則にしたがい、個人の生の歩みの中でどのように顕現させるかということは、実際、彼にあっては非常に重要な問題となっていました。そして、そこより、彼の抱く理想の人間像が考えられることになります。

　言うまでもなく、彼の抱くところの理想の人間像は、勿論、人間の本性に内在する三種の異なる本質が調和的に発展を遂げた人間像のことでありますが、厳密に言えば、それは、どちらかと言えば、人間の本性に内在する動物的本質と社会的本質を道徳的本質の支配下におきながら、それらが有機的に発展させられた人間像であったのではないかと考えられます。＊

　　＊　ペスタロッチーによれば、動物的本質と社会的本質は自己肯定的なもので、道徳的本質のみが自己否定的なものであると見做されていたようなところがある。したがって、ただ単に、「三種の異なる本質が調和的に発展を遂げた人間像」ということになると、そのような人間像は、多分に、自己肯定的な面の強い人間像になってしまうのではないかと推察されるので、彼の著わした作品の内容の検討をとおして、「どちらかと言えば、人間の本性に内在する動物的本質と社会的本質を道徳的本質の支配下におきながら、それらが有機的に発展させられた人間像であった」というように考えてみた。単なる三種の異なる本質の調和ということには、疑義を抱き、真の意味での人間的な調和ということを重視したからである。

『ゲルトルートは如何にしてその子を教うるか ― 子どもを自らの手で教育しようとする母親への手引書 ― 書簡形式による一つの試み ―』(Wie Gertrud ihre Kinder lehrt, Versuch, den Müttern Anleitung zu geben, ihre Kinder selbst zu unterrichten, in Briefen, 1801）にうかがわれる「人間はただ術によってのみ人間となる。」(Der Mensh‥wird nur durch die Kunst Mensch, P.W.A.XII, S.236）という彼の言葉が生きてくるのは、調和的発展という用語の意味が、そのように解されるからなのであります。そしてそのために案出されたものが、所謂「メトーデ」(Methode）でありました。それ故に、彼が、所謂「メトーデ」の根底に彼自身の人間観を据え、それを完成せんとしていたという明白な事実に基づいて従来ペスタロッチーにおける教育思想の研究に着手してきた人々の多くは、「メトーデ」そのものを真に把握するためにも、まずは先決の問題として、彼の人間観の究明を試みたのであります。しかもその際に、とりわけ多くの視点が向けられたのは人間の本性の調和的発展とは何かということでありました。何故なら、人間の本性の調和的発展を図ることをもって人間教育の目的（das Ziel der menschliche Erziehung, P.W.K.VIII, S.123）とするという意図のもとに開発されつつあったものが、所謂「メトーデ」であったのであるから、それは、自然の成り行きでもあったと言えるのではないかと思われます。何れにしても、彼が人間の本性の調和的発展を図ることをもって人間教育の目的としていたのは事実でありますが、しかしながら、真の意味における人間の本性の人間の手による人間的な調和のとれた状態、それは果たしてこの限りある時間と空間との中に生きている現実の人間において実現可能な事がらであるのであろうか。

『人類の発展における自然の歩みについてのわたしの探求』（1797）や『時代へのペスタロッチーの訴え ― 時代 ―』〔Pestalozzi an seine Zeitalter (Epochen), 1802-3〕に於いては、例えば、「わたしは社会的状態そのものの中では常にわたしの動物的無邪気（tierische Schuldlosigkeit）とわたしの道徳的純粋さ（sittliche Reinheit）との間にある迷える堕落せる中間物（Mittelding）としてあらわれる。」(P.W.A.XI, S.518）とか「人類（Menschheit）は数千年来、高貴化（Veredlung）への永遠の努力とその目的（Ziel）の永遠に成就しないこと（Fehlen）との間でゆらゆらとよろめいている。人類は常に野蛮（Barbarey）から出発して野蛮へ還る永遠の円環（Zirkel）の内に生きている。」(P.W.K.VIII, S.141）というような、われわれをして悲観的たらしめるに足る材料も見出さ

れるのでありますが、同時に、そこには、そうであるからこそ、そこからの脱出を可能にする手段の発見が必要なのであるとする彼の前向きの姿勢が強く打ち出されているのであります。再度言わせていただけば、彼の所謂「メトーデ」は、そのために案出された彼の苦心の産物であったのであります。

　既に言及したように、彼における人間教育の目的はあるがままの人間を「術」(Kunst、P.W.A.XII, S.236) に基づいてあるべき姿の人間に形成するということ、即ち、人間の本性に内在する動物的本質と社会的本質とを道徳的本質の支配下におきながら、そのような意味で、有機的に発展・形成させるということを意味するものでありますが、人間の本性に内在する三種の異なる本質がそのような意味で発展させられた人間を形成するということは、彼の使用した別の表現形式を借用してあらわせば、とりもなおさず、「全人間」(ganze Menschen, P.W.A.VII, S.251) の形成を意味するところのものであったのであります。

　それでは、人間の本性の人間の手による、人間に内在する動物的本質と社会的本質とを道徳的本質の支配下におきながら有機的に形成させられた真の意味での調和のとれた人間が「全人間」であるとするなら、それとは逆に、動物的無邪気と道徳的純粋さとの間にある迷える堕落せる中間物である人間、別の言葉で言えば、野蛮から出発して野蛮へ還る永遠の円環の内に生きている人間のことをどのような言葉を用いて表現したらよいのであろうか。そのようなことをも考えてみる必要があるのではないかと思われます。ペスタロッチーもそのような人間が存在することを予想して、彼自身の著わした作品の中で、言及しておりました。例えば、『クリストフとエルゼ ― わたしの第二の民衆の書 ―』(Christoph und Else, Mein zweites Volksbuch, 1782) や『人類の発展における自然の歩みについてのわたしの探求』(1797) での会話の場面にみられた

　　「人間は両手 (Hände) も両足 (Füße) も頭 (Kopf) も心 (Herz) も使用しなければならず、もしもこの世で幸福に生きようと思ったら、それらのもののうちのいずれをも停滞させておくべきではない‥理解力 (Verstand) とか心 (Herz) とか、あるいは身体 (Körper) とかいうような、人間の主要な部門 (Hauptteilen) のどれか一つでも、もしも使われない場合には、常に人間のうちに主要な欠陥 (Hauptmangel) が生ずるの

です。・・・どこか片隅（Ecken）だけしか満たされていないこれらの半人間（halbe Menensch）たちは、分別のある家父（Hausvater）のそれぞれに自分の子どもたちの教育（Auferziehung）に際して、子どもたちからそのような半人間ではなしに、全人間（ganze Menschen）をつくるということに留意するよう気づかせるべきである。」(P.W.A.Ⅶ, S.249 f.)

「もしあなたが、そこではあなた自身の完成（Vollendung）は不可能であるところのあなたの動物的存在（Dasein）とあなたの道徳的存在との中間の段階（Zwischenstufe）に立ち止まっていようとするなら、その場合には、あなたが仕立て屋（Schneider）や靴屋（Schuhmacher）や鋏とぎ師（Scherenschleifer）や君主（Fürst）となり、他のどんな人間（Mensch）にもならないということは、あなたを驚かさないであろう。そのときには、あなたの生（Leben）が勝利なき戦いであり、あなたが、自然（Natur）があなたの助力（Zutun）なしにあなたからつくりだしたところのものにすらならずに、むしろ遥かにそれ以下の市民的半人間（bürgerlicher Halbmensch）にしかならないということは、あなたを驚かしはしないであろう。」(P.W.A.Ⅺ, S.516)

上記の語句等がそれであります。したがってそれらの語句が証となるように、彼自身もまた、人間の本性に内在する諸素質が調和的に発展させられていない人間をさして、それを「半人間」（Halbmensch）という言葉をもって表現していたということになります。

2．半人間の類型

「全人間」ではない「半人間」、それは、人間に内在する動物的本質と社会的本質とを道徳的本質の支配下におきながら有機的に形成されることもなく、その意味では、真の意味での人間的な調和のとれた人間とは認め難い人間のことであります。そしてまた、ペスタロッチーは自ら著わした作品の各所でその種の人間について言及し、非難もしていたのでありますが、彼における半人間についての取り上げ方には、概して、1800年代を境に、その前後で、若干の差異があったように見受けられます。言うまでもなく1800年代は、彼が本格的に民衆陶冶（Volksbildung）の実践に身を投じ、「メトーデ」の構築に取り組

むに至った時期でもあるので、彼自身の人間観がほぼ確立されるに至る以前と以後の関係から推しても、それは、ある程度止むを得ないことであったのではないかと推察されます。それでは、半人間についてでありますが、ペスタロッチーは自ら著わした作品の中でどのように言及していたのであろうか。

彼の著わした作品を検討した限りでは、この種の人間については三種類の取り上げ方があったように思われます。即ちその一は、放任されていたが故に半人間になってしまった人間の場合のそれであり、その二は、その一とは異なって、教育を受ける機会に恵まれはしたが、それが一面的なものであったが故に半人間になってしまった場合のそれであり、その三は、その一、その二とは相違して彼が提案した所謂「メトーデ」の各部門が、もしも非調和的に、個別的に使用されるとすれば、如何なる種類の半人間が生み出されるであろうかという仮定の上に立って採り上げられた半人間の場合についてのそれであります。

それでは、以下に、その一の場合の半人間、その二の場合の半人間、その三の場合の半人間等々についてペスタロッチー自身が自ら著わした作品の中でどのように言及していたかということについての事例を挙げておくことにします。

① 第一の場合（放任による半人間）

放任されていたが故に、半人間になってしまった半人間の場合であります。

(ⅰ)『希望』(Wünsche, 1776) に見出される内的な自己満足と自惚れた感服とをもって、鏡の前で何時間もお化粧をする多くの夫人たち (P.W.K.I, vgl.S.29)

(ⅱ)『ノイホーフに於ける貧民施設に関する論文』(Aufsätze über die Armenanstalt auf dem Neuhof, 1775-8) に於ける、自分たちになくてはならないものを収得する訓練を少しも受けていないが故に、貧苦に沈淪している貧民とその子どもたち (P.W.A.II, vgl.S.40)

(ⅲ)『わが祖国の都市の自由について』(Von der Freiheit meiner Vaterstadt, 1779) にうかがわれる、上から降ってきた頽廃のために家庭的・道義的な悲惨の中で苦境のどん底にある卑しめられた市民たち (P.W.A.III, vgl. S.133)

(ⅳ)『隠者の夕暮』(Die Abendstunde eines Einsiedlers, 1780) における神に対する子心を喪失した人間 (P.W.A.IV, vgl.S.164)

(ⅴ)『リーンハルトとゲルトルート ― 民衆のための書 ― 第三部、第四部』(Lienhard und Gertrud, Ein Buch fürs Volk, Dritter Teil 1785, Vierter Teil 1787) に登場する堕落し果てた無数の人物

(ⅵ)『人類の発展における自然の歩みについてのわたしの探求』(Meine Nachforschungen über den Gang der Natur in der Entwicklung des Menschengeschlechts, 1797) に記されていた動物的無邪気と道徳的純粋さとの間にある迷える堕落せる中間物としての人間 (P.W.A.XI, vgl.S.518)

(ⅶ)『時代へのペスタロッチーの訴え ― 時代 ―』〔Pestalozzi in Zeitalter (Epochen), 1802-3〕での、野蛮から出発して野蛮へ還る永遠の円環の内に生きている人間 (P.W.K.VIII, vgl.S.141)

等々。

② 第二の場合（一面的な教育による半人間）

教育を受ける機会に恵まれはしたが、それが一面的なものであったが故に半人間になってしまった人間のことで、ペスタロッチーはこの種の半人間をとりわけ一番忌み嫌っていたようであります。

(ⅰ)『隠者の夕暮』(Die Abendstunde eines Einsiedlers, 1780) に見出される人間陶冶 (Menschenbildung) の言葉のやり取りと流行の教育法 (Modelehrart) との幾千の小技巧によって、真理についての声や音や言葉に対する渇望のために、骨折りながら自然の導きから外らされた人間 (P.W.A.IV, vgl.S.148)

(ⅱ)『リーンハルトとゲルトルート ― 民衆のための書 ―（第一部）』(Lienhard und Gertrud, Ein Buch für das Volk, Erster Teil, 1781) に於ける饒舌のために多くのことを知ろうと願い、頭をあまりに多くの関係のないものでいっぱいにしている人間 (P.W.A.VI, vgl.S.139)

(ⅲ)『クリストフとエルゼ ― わたしの第二の民衆の書―』(Christoph und Else, Mein zweites Volksbuch, 1782) にうかがわれる自分に備わった力の一部しか使わずに、頭を働かせること、手を働かせること、心を働かせることなど個々別々に、しかも一つに重点を置いて働かせ、それで満足している人達 (P.W.A.VII, vgl.S.249 f.)

(ⅳ)『スイス週報（続）』(Des Schweizerblats Zweytes Bändchen, 1782) に

於ける、頭の空虚な教えを彼の手の労働に先立たせ、機械やはした役者へと教育されて自己の最も正しい関係について全く無知であるような人間 (P.W.K.III, vgl.S.276)

(ⅴ)『リーンハルトとゲルトルート ― 民衆のための書 ―（第二部）』(Lienhard und Gertrud, Ein Buch für das Volk, Zweiter Teil, 1783) に登場した祈祷と読書とが、人間がこの世に生きる理由のすべてでもあるかのように、書物という晴れ着を毎日着ていたルーディの細君や自分の職業とは直接関係のない馬鹿馬鹿しい紙屑の知識でもって頭の中をいっぱいにしていたハルトクノップのような人間 (P.W.A.VIII, vgl.S.385)

(ⅵ)『リーンハルトとゲルトルート ― 民衆のための書 ―（第三部）』(Lienhard und Gertrud, Ein Buch fürs Volk, Dritter Teil, 1785) に於ける、花に涙を流し、額に汗してみずからのパンを食うことをせず、子どもを生むことさえも嫌うような女 (P.W.A.IX, vgl.S.135)

(ⅶ)『人類の発展における道徳的諸概念の生成について』(Über die Entstehung der Sittlichen Begriffe in der Entwicklung der Menschheit, 1786/7 ?) に記された、自分の菜園をも持たずして、ただ菜園からどんな収穫をあげうるかということだけを論じているような人 (P.W.K.IV, vgl. S.449)

(ⅷ)『リーンハルトとゲルトルート ― 民衆のための書 ―（第四部）』(Lienhard und Gertrud, Ein Buch fürs Volk, Vierter Teil, 1787) に認められる、人間の奴隷（Menschenknecht）とか肉体の奴隷（Knechtschaft des Leibs）とか精神の奴隷（Knechtschaft des Geistes）とか理解力病（Verstandspest）に冒されたり、心情病（Herzenspest）に冒されたりした人 (P.W.A.X, vgl.S.326, S.394)

(ⅸ)『人類の発展における自然の歩みについてのわたしの探求』(Meine Nachforschungen über den Gang der Natur in der Entwicklung des Menschengeschlechts, 1797) に於ける、半分の頭と四分の一の心臓（Halbköpfe und Viertelsherzen）しかもたない政治家とか頭の頂きから足の先まで鈍重な身体をしている学者（Gelehrte）とか片方の腕が彼の両足より強い鍛冶屋（Schmied）とか歩く姿が牛に似ている農夫（Bauer）

(P.W.A.XI, vgl.S.436, S.462)

③　第三の場合（非調和的・個別的に使用された「メトーデ」による半人間）

　彼の提案した所謂「メトーデ」の各部門が、もしも、非調和的、個別的に使用されたとすれば、その結果として生み出されることになるであろうという仮定の上に設定された半人間であります。

　周知のように、「メトーデ」は、基礎陶冶（Elementarbildung, P.W.K.VII, S.238）と職業陶冶（Berufsbildung, P.W.K.VII, S.238）と道徳的陶冶（Sittliche Bildung, P.W.K.VII, S.238）との三つの部分から構成されていて、「基礎陶冶」もまた身体的基礎陶冶（die physische Elementarbildung, P.W.K.VI, S.330）と知的基礎陶冶（die intellektuele Elementarbildung, P.W.K.VI, S.330）と道徳的基礎陶冶（die sittliche Elementarbildung, P.W.K.VI, S.330）の三つの部分から成るものとして想定されていました。そしてこの「第三の場合」の半人間についてでありますが、それについての説明は、『メトーデの本質と目的についてパリの友人達に宛てた覚書』（Denkschrift an die Pariser Freunde über Wesen und Zweck der Methode, 1802）に求めることができます。

　言うまでもなく、この作品はペスタロッチーが教育実践活動に身を投じ、「メトーデ」の研究に本格的に取り組むようになってからのものでありますが、そこでは彼は、「人間は真実であるものを知らなくてはならないだけではなくて、正しいことをすることが出来かつ欲しなければならない。この論駁しがたい原則（dieser unwiedersprechliche Grundzatz）は人間の種族の基礎陶冶を本質的に三つの部門に分かつ。」（P.W.K.VI, S.330）と言って、三つの部分に細分された基礎陶冶のそれぞれに明確なる定義を付与し、それに続けて、これらの基礎陶冶の諸部門が個々別々に行われたら、どのような結果を招来することになるのかということについて論を展開していたのであります。それ故に、とりあえず、ここでは、彼自身の語った言葉をそのまま提示しておくことにします。

　　「もしもわれわれが、個々別々の知的基礎陶冶が何であり、個々別々の身体的基礎陶冶が何であり、個々別々の道徳的基礎陶冶が何であり、そしてそれがどこへ通ずるかを問えば、われわれには次のようなことが明らかになってくる。それはまさしく、それが個々別々であることの故に、すべての一面的にしてかつすべてのおきまりの教育（Routinenerziehung）が、

それが基礎的でないが故に、即ち、それにとっては人間自然（menschliche Natur）との普遍的にしてかつ純粋な一致（Übereinstimmung）の基礎が欠けているが故に、常に誤って導き、また常に誤って導かざるを得ない。正しくその箇所へ、そのような基礎陶冶は基礎的であるのを止めたが故に、われわれを導くのである。そして三つの孤立された陶冶方法（Bildungsweisen）のおのおのが人類に与え、かつ与えることの出来る自立性（Selbständigkeit）は、真実の人間らしい自立性では全然ないのであって、単に悟性（Verstand）や心臓（Herz）や身体（Körper）の道化師（Narr）の大ぼらふき（Charletan）の自立性にして外見的な自立性にしかすぎないのである。」(P.W.K.VI, S.330 f.)

そこでは彼は、基礎陶冶の各部門が、それぞれ個別的になされた場合に奇形化されるであろう半人間の類型を、基礎陶冶の一つの部門ごとに三種類ずつ挙げていました。即ち、彼は、この作品に於いては、身体的基礎陶冶が一面的になされた場合に生じるであろう半人間の類型としては「身体の大ぼらふき（phüsischer Charletan, P.W.K.VI, S.335）と暴力ならびに拳の畜生（Gewalts- und Faustbestien, P.W.K.VI, S.335）と手仕事と職業との驢馬（Handwerk-und Berufsesel, P.W.K.VI, S.335）とを、知的基礎陶冶が一面的になされた場合に生じるであろう半人間の類型としては悟性の大ぼらふき（Verstands-Charletan, P.W.K.VI, S.331）と悟性の畜生（Verstandesbestien, P.W.K.VI, S.332）と悟性の驢馬（Verstandesesel, P.W.K.VI, S.333）とを、道徳的陶冶が一面的になされた場合に生じるであろう半人間の類型としては心臓の大ぼらふき（Herzencharletan, P.W.K.VI, S.336）と心臓の畜生（Herzensbestien, P.W.K.VI, S.338）と心臓の驢馬（Herzensesel, P.W.K.VI, S.338）とを指摘していたのであります。

3．類型化された九種の半人間

本論考（52頁－53頁）でとり上げられた「③ 第三の場合 ― 非調和的・個別的に使用された『メトーデ』による九種の半人間」についてであります。

「それは人類の陶冶における一面性（Einseitigkeit）を知的、道徳的、身体的な観点においてもたらすものである。もちろん現実の人間はそのように別々に

された大ぼらふき（Charletan）や驢馬（Esel）や暴力（Gewalthetigkeit）の集団（Corps）に分けられない。非常に多くの人間において彼らの陶冶の一面性は実際には三つとも重なっているので、おおざっぱに個人におけるしかるべき性格の弱点を暴くことよりも、個人を判然と彼の顕著な性格（Caracter）にしたがって分類する（classificieren）のに、一般に人はここそこで苦労するのである」(P.W.K.VI, S.339)。このことは、勿論、彼自身とて十分に承知しているのではありますが、それにもかかわらず彼は、『メトーデの本質と目的についてのパリの友人達に宛てた覚書』(1802) に於いては、基礎陶冶の各部門が個々別々に行われたらどのような半人間が生じるかという疑問に対する解答として、九つの類型に分類された半人間が生み出されるであろうということを指摘していました。それ故にここでは、彼の言う九つの類型に分類される半人間のそれぞれがどのような性格を有する人間であるのかを理解するために、「非調和的・個別的に使用された『メトーデ』による九種の半人間」の具体的な内容に関する彼の見解について、順次、概観してみることにします。

彼によれば、それらは、大凡以下のようなものであったのであります。

① **身体の大ぼらふき（phüsischer Charletan）**

身体の大ぼらふきというのは、舞踏・フェンシング・騎馬・木登り・曲馬といったものを、市民的人間にとって、演劇術や演劇的虚栄のあらゆる誘惑をもちながら、貪欲な欲求の時間と金とを稼ぐために行い、そしてそれらを各個人の生活上の義務や境遇の音調や調和の中に全然もたらそうとしない人間のことであります。それ故に、例えばそのような人間は、自分が一頭の馬ももっていないなら、乗馬を欲し、自分が一足の舞踏用の靴を買うことが出来ないなら、ダンスをするのを欲し、更には、自分たちの父親が一日中手仕事をしてパンを稼いでいるのに、自分たちは夜会や集会へと誘われていくのを喜んでいるといった具合で、要するに、自分たちの父親が手仕事によって得た収入で自分たちが舞踏やフェンシングや木登りや曲馬を楽しんでいるにもかかわらず、その収入源の手仕事に対して嘔吐を催すような人間なのです。しかしながらペスタロッチーによれば、この種の人間は、まだ一面的に身体的陶冶がなされた人間のうちでは、程度の良い方の人間であるとみられていました。(P.W.K.VI, vgl.S.333 f.)

② 暴力ならびに拳の畜生（Gewalts-und Faustbestien）

この種の半人間は、ペスタロッチーからは人類にとってなお限りなく嫌悪されるタイプの人間であるとみなされていました。彼らは身体の力を発達させるための食餌以外の何ものをも求めず、しかも、それを測り知れないほどの非人間性をもって壁に投げつけるような人間であります。それ故に、この種の人間をペスタロッチーは暴力の畜生（Gewaltsbestien）、拳の畜生（Faustbestien）の類型に容れています。また彼に言わせれば、彼自身、「暴力の畜生は賤しい伏屋から玉座にいたるまで満ちている。」（P.W.K.VI, S.334）と述べているように、「われわれの世界はかかる身体的な暴力の畜生で満ちあふれている。」（P.W.K.VI, vgl.S.334 f.）というのであります。

③ 手仕事と職業との驢馬（Handwerk-und Berufsesel）

この種の半人間は、あらゆる一般的な身体的・知的ならびに道徳的陶冶を度外視し、個々の身体的手仕事の能力自体の一面的陶冶によって、身体的観点に於いて一般的に不具となり、そしてこれらの個別的な能力による日々の糧をうるための活動において、知的ならびに道徳的陶冶を、単に彼らの個別的に生かされた手仕事の能力と、糧を作り出す能力との外皮（eine Rinde und Schale）にすぎないものとみなすようになった人間のことであります。それ故に彼らは、毎日ひき臼の軸をまわすことによって、他のすべての活動やすべての力の緊張に対しては無能力となった粉屋の驢馬のような人間であると言えます。彼らは秣を食いうるために朝から晩まで憐れな、ひき臼の軸をまわし、また毎日ひき臼の軸を動かし得るために、毎日秣を食う驢馬のような人間なのであります。（P.W.K.VI, S.vgl.S.335）

④ 悟性の大ぼらふき（Verstands-Charletan）

測りしれないほどの知識の所有においては世界の光でありうるが、同時に家庭のことには無知であり、彼の仲間の間では無用であり、彼の最も身近な諸義務を果たすためや、彼の家族の幸福を築くためなどには最も役に立たない人間なのであります。しかしそれは、ペスタロッチーによれば、知的陶冶のうちでも一面性の最もよい結果であるとみなされていました。（P.W.K.VI, vgl.S.331 f.）

⑤ 悟性の畜生（Verstandesbestien）

悟性の大ぼらふきとは異なって測り知れないほどに多くの悪事をなす人間

で、彼らは自らの陶冶不十分なる知的な力を一切の善に対する無制限な冷淡さと結びつけ、真理と正義とをほとんど顧みることなしに、彼らの利己心に奉仕追従する一切のものの保持と安定とのために、動物的な暴力的意志の無制限な生気づけと結びつけるような人間であります。それ故に、彼らにあっては、人間の知的発展は彼らの利己的な力の一面的な冷淡な動物的な発展としてあらゆる階層にわたって際限なく広がっているので、あらゆる階層にわたって信じ難いほど多くの悟性的な畜生が存在するのであります。そして、森の中にいる畜生とは異なって法律によって養われ保護されているのでしまつが悪い、そういう類の人間であります。(P.W.K.VI, vgl.S.332 f.)

⑥　悟性の驢馬（Verstandesesel）

　形成された悟性の力の使用において経済的一面性が顕著にあらわれる人間のことで、彼はすべての精神力を経済的な利益の獲得に傾倒させます。それ故に、ペスタロッチーによれば、一般に驢馬の感情というものは、重荷を背負いうるために秣を食らう群れの中へ、また秣を食いうるために重荷を背負う群れの中へ、全く閉じ込められてしまっていると解されていたのでありますが、この種の経済的に一面的な人間の心はすべての自らの力を十字架と金銭とに鋳なおし、そのように鋳なおされた自己自身を再び背負うことによって自己自身を喪失し、その結果、彼らの諸々の感情はすべてこの重荷を背負うことによって驢馬の感情へと移行してゆくと考えられていました。(P.W.K.VI, vgl.S.335)

⑦　心臓の大ぼらふき（Herzenscharletan）

　心臓の大ぼらふきは悟性の大ぼらふきと同様に、測り知れない知識によって彼の家においても彼の交際関係においても光であると同時に最も冷淡な人間であって、普通には悟性の大ぼらふきと密接に織り合わされています。人間に内在するまことの愛・感謝ならびに信頼から出発しないあらゆる偽装的な道徳や、生動的にしてかつ一般的な人間に内在する美・秩序ならびに安らぎの感情から出発しないあらゆる偽装的な道徳、等々は、真理から断じて出発しているのではなく、したがって真理ではないのでありますが、しかしながらこの種の半人間は、このような虚偽を言葉で飾り立て、山なす言葉を積み重ねて道徳の家屋をその上に築こうとするような人間なのであります。そしてそのような人間にとっては、もし不幸の波が彼の上に押し寄せてくるような場合には、彼自身の

心臓はあらゆる道徳力において空虚となってしまいます。しかし、ペスタロッチー自身は、この種の人間は道徳的陶冶の一面性によって形成された半人間の中ではまだまだましな方であると考えていました（P.W.K.VI, vgl.S335 f.）。ペスタロッチーに言わせれば、「だがしかしわたしはこれらの道徳性の大ぼらふき（Sittlichkeits-Charletaneyen）を愛する。彼らは人間自然のすべてのドンキホーテたちと同様に、われわれの感覚生活（Sinnenleben）のために多くの刺激と同時に多くの利益を与え、そして彼らの善き行為を知的観点においてと同様に身体的観点においても多くの他の善き行為に結び付けている。なるほど、彼が彼の夢から覚めるまでは、ロマンチックに夢想に耽ることは、人間にとっては、しばらくは楽しい行為である。」(P.W.K.VI, S.336) というのであります。

⑧ 心臓の畜生（Herzensbestien）

　この種の半人間は、われわれの種族にとって測り知れないほど有害な人間であって、われわれの種族に害を与えるのに暴力を用いるのであります。即ち、この種の半人間は道徳の教訓、心臓の清純な永遠の帰結、ならびに愛と感謝と信頼との感情を、すべての善に対する際限なき冷酷さをもって、彼らの利己心に奉仕し、彼らに追従するすべてのものに対する動物的暴力的意志の限りなき生気づけによって、それらを正しく人間自然の最内奥において窒息させて殺す、そういう類の人々のことであります。したがってこの種の半人間は外面的に口先で信仰を公言し、教授し、宣伝し、真理・信仰ならびに愛の教説や彼らの生活を過剰に享楽させる美食に結びつけ、他のいかなるものにも結びつけず、口では慈悲や正義を説きながら彼らの心臓のうちでは民衆が生きかつ人間となることを欲しないで、家畜に留まりかつ死にゆくことを欲している、そのような人間なのです（P.W.K.VI, vgl.S.336 ff.）。ペスタロッチーによれば「世界（Welt）は彼らによってもまた満ち溢れている。世界は常にそうであった。イエス・キリストは本来の悟性の畜生や本来の拳の畜生に対してよりも、むしろこの部類の人々に抗して闘ったのである。」(P.W.K.VI, S.338) と考えられていました。

⑨ 心臓の驢馬（Herzensesel）

　ペスタロッチーに言わせれば、この種の半人間は、道徳的観点における、迷蒙が驢馬における状態と同じであり、この限りにおいては、彼らにあっては重

荷を背負う手仕事の徳以上には到達しえないであろうと考えられていました。嫉妬深くかつ利己的な国民性の根源的冷酷さのほかに、暴君たちのさまざまな権利・特権・不遜・陰謀ならびに詐欺によって裁かれ攪乱され傷つけられ抑圧された民衆は、道徳的進歩において一面的な善良さと力なき好意のすべての結果の重荷を単に背負うにすぎないような状態を呈するが、心臓の驢馬に分類された半人間は、丁度、そのような民衆における道徳性と同じような道徳性を身につけているのである、とみなすことが出来るのであります。(P.W.K.VI, vgl. S.338 f.)

以上、ペスタロッチーにおける「半人間」の意味を概観したのでありますが、彼の人間観を把握するためには、彼における理想的な人間像に着眼するだけでなしに、半人間についての彼の見解をも吟味する必要があると考え、あえてこの種の問題についての考察を試みた次第であります。

それでは、次に、以下では、「幼児期」の子どもに関しペスタロッチーがどのような考えを抱いていたのかということについて、触れておくことにします。

4．満たされた幼児期

① 『人類の発展における自然の歩みについてのわたしの探求』(1797)に於ける歴史哲学と幼児期

『人類の発展における自然の歩みについてのわたしの探求』(1797)に於いて、ペスタロッチーは自らの人間観を披瀝していました。彼によれば、人間は人類がその歴史的な発展過程において自然状態から社会的状態へ、社会的状態から道徳的状態へと進化発展したように、一個人の生の歩みにおいてこれら三つの状態を「幼児期」(Kinderjahre, P.W.A.XI, S.494) と「青年期」(Jünglingsjahre, P.W.A.XI, S.494) と「成人期」(Männeralter, P.W.A.XI, S.495) という三つの時期によって順次再現するだけではなしに、これら三つの状態における人類の特性は、三種の異なる本質 ―「動物的本質」(tierisches Wesen, P.W.A.XI, S.451)・「社会的本質」(gesellshaftliches Wesen, P.W.A.XI, S.451)・「道徳的本質」(sittliches Wesen, P.W.A.XI, S.451) ― というかたちでその誕生の最初から早くもその本性の内に素質として秘められているのであるというように考えられていたのであります。

III. 人間観と幼児観

　したがって、同書から汲み取ることの出来る人間の幼児期に関する彼の見解も、おのずと、同書で展開された堕落せざる自然状態（unverdorbener Naturstand, P.W.A.XI, S.454）と堕落せる自然状態（verdorbener Naturstand, P.W.A.XI, S.454）を包含する自然状態における人間の描写、即ち自然人の描写より類推するほかはないので、われわれには、ペスタロッチーは幼児期の人間には同書で展開された堕落せざる自然人の諸特性と堕落せる自然人の諸特性とが具備されていると見做していたのではないかと推察せざるを得ないのであります。

　何れにしても、『人類の発展における自然の歩みについてのわたしの探求』を見た限りでは、その程度のことしか判明し得ないのでありますが、その後に著わされた所謂「メトーデ」をめぐる一連の著作に於いて展開された「母の書」（Buch für Mütter・Buch der Mütter）の構想が彼の幼児観の上に立脚したものであるということは、いまさら説明するまでもないであろうと思われます。勿論、彼が人間教育の方法としての基礎陶冶（Elementarbildung）の「メトーデ」の研究に全精力を傾けていたということは、人のよく知るところでありますが、「子どもの教授の最初の時期は彼の誕生の時期であり」（die erste Stunde seines Unterrichts ist die Stunde seiner Geburt, P.W.A.XII, S.184）、「子どもの感覚（Sinn）が自然（Natur）の印象を感じるようになるその瞬間、実にこの瞬間から自然が彼を教育する（unterrichten）」（P.W.A.XII, S.184）という確信から、自然の崇高な歩みを利用するために、「母親が盲目的な自然衝動に駆られていまだ話せない子ども（Unmündig）のためにやったことが、母心（Herzen der Mütter）を助成する術（Kunst）を通して、成長した子ども（Anwachsender）のために賢明なる自由さをもって継続することが出来る」（P.W.A.XII, S.313）ようにすることを期して構想されるに至った「母の書」のそれは、「メトーデ」の最初の段階をなすところのものなのであります。実際、彼の抱いた幼児観の理解なしには、「母の書」の構想も「メトーデ」の理念に関するそれも十分に汲み取ることが出来ません。それ故にわれわれには、『人類の発展における自然の歩みについてのわたしの探求』を通じて把握し得る程度のことでは満足出来ないので、更に一層、彼の抱く幼児観の究明を深めていくことが不可欠となるのであります。

② 幼児期の類型

　総じて、ペスタロッチーの残した作品の中には、幼児観についてそれを全体的に論じているようなものは見出されないので、彼の幼児観の全貌の把握は不可能に近いと言っても過言ではないのでありますが、『スイス週報（続）』(Des Schweizerblats Zweytes Bändchen, 1782)、『メトーデ — ペスタロッチーの覚え書き —』(Die Metode. Eine Denkschrift Pestalozzi's, 1800)、『ゲルトルートは如何にしてその子を教うるか — 子どもをみずからの手で教育しようとする母親への手引書、書簡形式による一つの試み —』(Wie Gertrud ihre Kinder lehrt. Ein Versuch, den Müttern Anleitung zu geben, ihre Kinder selbst zu unterrichten, in Briefen, 1801)、『メトーデの本質と目的とについてパリの友人達に宛てた覚書』(Denkschrift an die Pariser Freunde über Wesen und Zweck der Methode, Dezember, 1802)、『メトーデにおける精神と心情』(Geist und Herz in der Methode, 1805)、『基礎陶冶の理念に関する見解と経験』(Ansichten und Erfahrungen, die Idee der Elementarbildung betreffend, 1807)、『基礎体育を一連の身体的訓練において試みることへの入門としての身体陶冶について』(Über Körperbildung, als Einleitung auf den Versuch einer Elementargymnastik in einer Reihenforge körperlicher Übungen, 1807)、『音声と言語とによる人間陶冶に関する聴覚の意義について』(Über den Sinn des Gehörs, in Hinsicht auf Menschenbildung durch Ton und Sprache, 1808)、『基礎陶冶の理念について — 1809年のレンツブルクにおけるスイス教育友の会でなされた講演 —』(Über die Idee der Elementarbildung, Ein Rede, gehalten vor der Gesellschaft der Schweizerischen Erziehungsfreunde in Lenzburg in Jahre, 1809)、『わが時代およびわが祖国の純潔とまじめさと高邁さを有する人々に対する時代の言葉』(An die Unschuld, den Ernst und Edelmut meines Zeitalters und meines Vaterlandes. Ein Wort der Zeit, 1815)、『七十三歳生誕日講演』(Rede am dreiundsiebzigsten Geburtstage, 1818)、『白鳥の歌』(Schwanengesang, 1825)、『1826年4月26日にランゲンタールのために行われたヘルヴェチア協会の会合での講演』(Rede in der Versammlung der Helvetischen Gesellschaft, gehalten am 26.April 1826 zu Langenthal, 1826) 等々の作品は、上述の期待にこたえてくれるべき資料の幾分かを確実に提供してくれる貴重な作品であると

Ⅲ．人間観と幼児観

見做すことができるのではないかと思われます。

『基礎陶冶の理念について ─ 1809年のレンツブルクにおけるスイス教育友の会でなされた講演 ─ 』（1809）に於いては、彼は、人々に、幼児を、幼児自身の本能（Instinkt）とその母の本能とがまだ世の中の何らの技巧（Kunst）や困難（Not）や強制（Zwang）によっても乱されないところで、幼児がまだ無邪気に働く自己力の神聖さ（Heilichtum）の裡に真に純粋に自由に行動するところで、観察するように勧め、あなたは、「幼児とその母においてのみ人間発達（Menschenentfaltung）の普遍的要素を認識し、それらの普遍的要素とともにそれらの普遍的要素の幼児に及ぼす特殊の諸力の一連の発展手段の系列（Reihenfolge der Entwicklungsmittel）の上で普遍性の内的本質をはっきりと認識することができる。」（P.W.A.XV, S.318）として、「幼児のうちの自然（Natur）はどのようにふるまう（handeln）のか？ 母が彼女の行為において幼児をとりあげるような仕方において、自然は自己自身をどのように取り扱っているのか？」（P.W.A.XV, S.318）と自問し、それに対して自らすすんで答えているのであります。そして、そこでは彼は、幼児期における子どもの発達の一般的な傾向を幼児の諸力の発展の初期より三つの時期に分割して捉え、それらについての自らの見解を披瀝していました。

ペスタロッチーによれば、「第一期の幼児期」（die erste kindliche Epoche, P.W.A.XV, S.330）というのは、「幼児の素質（Anlage）の発達への母の影響が‥幼児の諸力の単なる単純な満足という範囲内を徘徊する」（P.W.A.XV, S.321）時期のこととされ、「第二期の幼児期」（die zweite kindliche Epoche, P.W.A.XV, S.329）とは、「母の影響が‥幼児に彼自身と彼の最も近い環境に関する真理（Wahrheit）ならびに一つの環境が他の環境に対する関係の真理の意識を目ざめさせる」（P.W.A.XV, S.321）時期であると見做され、また、幼児期最後の「第三期の幼児期」（die dritte kindliche Epoche, P.W.A.XV, S.329）は「母の手を離れ、母の愛の保護を離れても、彼の増大する知識（Kenntnisse）と諸力（Kräfte）とが彼に与える高まりつつある自信（Sicherheit）を感じる」（P.W.A.XV, S.322）ようになる時期であると解されていたのでありますが、そこに瞥見することの出来る彼の見解のうちには、彼の抱く幼児観の一端が鮮明に描き出されています。したがって、第一期の幼児期の特性は何なのか？ また、第二期の幼児期

の特性は何なのか？　更にまた、第三期の幼児期の特性は何なのか？　かかる疑問が解明されたなら、われわれにも彼の幼児観の全貌への更に一層の接近が可能となりうる筈であります。

なお、参考までに言及すれば、ケーテ・ジルバーはその著：PESTALOZZI：Der Mensch und seine Werke[12]において、幼児期について次のように述べていました。

「講演の最後にペスタロッチーは、・・彼の述べた全体を『その焦点にしぼって』総括し、もういちど子どもに、『自然の仕事場で』、子どもが母親の手で心理学的に成長するように、『子ども自身へ』導いてゆく。彼はここではじめて発達を示唆しながら、子どもの生活の四つの時期を区分する。
（i）親の援助と結びついた感覚的な満足をとおしての子どもの感情（愛と信頼）の発達、母親個人をこえてゆくこれらの感情の拡大、ならびに子どもの満足の対象に言葉をもって命名すること（乳児期＝frühes Kinderalter）
（ii）いまなお母親の庇護のもとでの、比較的身近な環境の事物や人々についての子どもの認識の発達（本来の幼年期＝eigentliches Kinderalter）
（iii）母親から離れても、発達した力と知識とを通して成長する子どもの自信および世間の人的・物的な共同体への加入（少年期＝Knabenalter）
（iv）子どもの視野の拡大、母親の援助なしの『世間のあらゆる知識・技能ならびに財』を求めようとする衝動、悪の認識。これは道徳性の発達が行われる危機に満ちた思春期（Reifezeit）である。（KÄTE SILBER：PESTALOZZI：Der Mensch und seine Werke, S.184）」

そのようなことから、筆者は、ケーテ・ジルバーが「子どもの生活」を四つの時期に区分していたということをも承知の上で、ケーテ・ジルバーが指摘していた「子どもの生活」上に認められるという「（i）．（乳児期＝frühes Kinderalter）」や「（ii）．（本来の幼年期＝eigentliches Kinderalter）」、「（iii）．（少年期＝Knabenalter）」の初期、等々はペスタロッチーの言うところの「幼児期」（die kindliche Epoche）に含まれるとみてもよいのではないかと想定し、

12　Käte Silber:Pestalozzi：Der Mensch und sein Werk, Quelle & Meyer, Heidelberg 1957, revidiert von der Autorin für japanische Auflage 1976

ここでの考察を進めてみることにします。

③ 第一期の幼児期（die erste kindliche Epoche）

ペスタロッチーによれば「幼児の素質の発達への母の影響が・・幼児の諸力の単なる単純な満足という範囲内を徘徊する」時期が「第一期の幼児期」であるとのことでありますが、この時期の幼児は具体的には如何なる特性を備えた存在として、彼によって捉えられていたのであろうか。

『七十三歳生誕日講演』(1818) や『基礎体育を一連の身体的訓練において試みることへの入門としての身体陶冶について』(1807) には、「人間よ、あなたがたの有機体（Organismus）は非精神的な（ungeistig）物質的な（physisch）世界現象（Welterscheinung）としての有機体でもなければ、植物界（Pflanzenreich）のそれでも、動物界（Tierreich）のそれでもない。それはその中に神的な本質（ein göttliches Wesen）が宿り、生きているところの感性的な肉体（sinnliche Hülle）をもつ有機体である。」(P.W.Z.I, S.334) とか「幼児は決して、永遠に自分の根の上にたち、その根から分離されては生きることの出来ない植物ではない。反対に、幼児の運命は彼のすべての力においてそれまでに幼児の力が発達させられてきた刺激手段（Erregungsmittel）から自由になり独立することである」(P.W.A.XIV, S.140) 等々の、植物や動物の発達と人間の幼児の発達との間に本質的な差異のあることを認める彼の言葉が瞥見されるのでありますが、それにもかかわらず、『わが時代およびわが祖国の純潔とまじめさと高邁さを有する人々に対する時代の言葉』(1815) には、植物や動物の発達と人間の幼児の発達との関わりについて言及した次のような文言も、また、見出すことが出来るのであります。

　　「人間の発達（Entfaltung）はその最初のあらわれにおいては、自己の動物的な存在を意識している生き物の発達（Entfaltung eines seines tierischen Daseins bewußten lebendiges Wesen）よりも、むしろ自己の生命を意識していない植物的な発達（vegetabilische Entfaltung）の方が先なのである」(P.W.A.XVI, S.32)

そして、その際に彼はその時期の「乳呑児（Säugling）の最初の生活を、最初の数日の聖なる安らかさによって謂わば世間の外的現象から離れた、自己自身を意識されていない母体（Mutterleib）内の生活の延長」(P.W.A.XVI, S.33)

であるとみて、この時期に於ける乳呑児の「最初の生活」に着目し、その有する意味についても考えていました。彼はその時期に於ける乳呑児の、自己の存在についての殆どまったく無意識な状態から直接に乳呑児の人間としての存在の最初の発露である「のんびりした気持ち」(Gemütlichkeit, P.W.A.XVI, S.32)
*

> ＊　彼自身、同作品（『わが時代およびわが祖国の純潔とまじめさと高邁さを有する人々に対する時代の言葉』、1815）の中でそれとの連関に於いて言及していた「産婦（Gebärerin）が独逸語で六週間婦（Sechswöchnerin）と呼ばれていることです」(P.W.A.XVI, vgl.S.38)との語句を勘案すれば、幼児の「のんびりした気持ち」の出現とその持続によって特徴づけられるその時期については、ペスタロッチー自身、それを、生後六週間程度と考えていたのではないかということが推察されます。

が生み出されることになるというように想定し、この時期に乳呑児にこの「のんびりした気持ち」が持続することの意義を非常に重要視していたのであります。彼は、「幼児の他のすべての力に先んじて発生するこの『のんびりした気持ち』のうちには、幼児の本性のあらゆる道徳的・精神的・身体的の力の全般の純粋な発展の聖なる萌芽（Keim）もまた宿っているのである」(P.W.A.XVI, S.32 f.)というように考えていました。そのようなことから、そこでは、彼は、「人間は動物的に生き生きとしてではなく、のんびりと（gemütlich）人間的に発展しなければならない。」(P.W.A.XVI, S.33)ということを強調していたのであります。

彼によれば、「人の子（Menschenkind）が、その子の動物的な生活が発展するよりも先に、植物的に成長する」(P.W.A.XVI, S.33)のは、「その子の存在の人間的なものが、動物力によってそこなわれずに発展するためである」(P.W.A.XVI, S.33)とのことでありますが、乳呑児の「のんびりした気持ち」の出現とその持続によって特徴づけられていた六週間程度にわたる、乳呑児の植物的な発展が、人間の子どもにとってごく自然の必然的なものであり、また、そこに意義があるとされるのは、如何なる理由によるのであろうか。この疑問については、彼は、「幼児は大地の土壌の中にあるひどく弱い植物と同じように温かさ（Wärme）と養育（Nahrung）と保護（Schutz）といたわりのある見

張り（schonende Wartung）とを必要とする。」(P.W.S.I, S.248) との見地から、それを「乳吞児が母を人間的に求める要求」(P.W.A.XVI, S.36) と人間的な「母としての力や母としての意志や母としての手段」(P.W.A.XVI, S.36) の合致のうちに求めることになります。

　彼は『スイス週報（続）』(1782) の第39号に「人間の最初の要求は身体的であり、感性的であって、感性的で身体的な要求の満足はこの世に生まれ出た人間の幼児に最初の陶冶的 (bildend) 印象を与えるところのものだ。」(P.W.K.III, S.284)、「この感性的な身体的な要求は幼児を導き、次第に彼の精神や身体の素質のあらゆる発展へ導く」(P.W.K.III, S.284) 等々の言葉を残していたのでありますが、『基礎陶冶の理念について ― 1809年のレンツブルクにおけるスイス教育友の会でなされた講演 ―』(1809) に於いても同一の立場に立って自らの見解を開陳していました。彼は「第一期の幼児期」に言及して「幼児は要求する (bedürfen)。母は幼児が要求するものを持っている。‥この世界は幼児をただ母を通してのみ満足させる。‥幼児は今や幸福である。‥幸福であるということと母のそばにいるということ (Wohl sein und bei der Mutter sein) とは幼児に一つの同じ概念を作り出す。幸福であること (Wohlsein) の表情、満足の表情が幼児に漸次発達する。幼児は微笑する」(P.W.A.XV, S.318 f.)、と述べているのでありますが、この微笑こそあの「のんびりした気持ち」に直結するところの「幼児の内的生活の最初の徴し (das erste Zeichen)」(P.W.A.XVI, S.34) に他ならない、と彼は考えていたのであります。彼はこの微笑を「すべての動物心 (Tiersinn) を超越しそれに完全に対抗する人間的な心 (menschlicher Sinn) の最初の動き」(P.W.A.XVI, S.34)、「人間的な配慮と愛とを通して心情 (Gemüt) が人間的に朗らかであるということの内的に満足した歓喜の心の表現」(P.W.A.XVI, S.34)、「幼児に発芽しつつある愛の認識の最初の形跡」(P.W.A.XVI, S.34) 等々であるとみて、この微笑は、間もなくそこで優しさとなり、全般的に愛らしい本能となってゆき、やがて母に対する愛が発展してゆくようになると考え、その結果、引き続いて生起するところの状態を以下のように描写していました。

　　「幼児は微笑する。‥彼は彼の満足の源泉を認識し、母を愛する。彼は母に縋りつき、母を愛撫する。これらの表情は増大していく。‥これら

の表情の本質は今や彼の魂のなかで永続的な意識となり、永続的な認識となる。彼は今や母を信頼し、たとえ彼女がいなくても平静である。彼は母が再びくることを知っている。彼は母の躾を信頼し、その躾に慣れる。」(P.W.A.XV, S.319)

「この平静に於いて、この満足に於いて幼児の愛は拡大する。彼の愛の性格が変化し、彼は今や彼の愛とともにあるものを望む。彼は母がそれを知ることを望む。彼は、彼が喜ぶことを母が知ってくれることを望む。‥母が彼の愛のために嬉しがることを望む。この彼の愛はそこで漸次彼のうちに感謝の高い感情を発達させる。」(P.W.A.XV, S.319)

幼児の全存在の活動裡にあらわれる最初の成果として「発達せる愛」(P.W.A.XV, S.319)、「発達する信頼」(P.W.A.XV, S.319)、「幼児をたのしませたものに対する感謝の痕跡」(P.W.A.XV, S.319) などを認めることの出来るこの状態を、そしてまたここまでを、ペスタロッチーは「第一期の幼児期」とみていました。人間的な母は誕生の最初の日にわが児の頼りなさのために彼のためにのみ生きようとします。確かに、母のうちに生き、母をとおしてのみ生きている乳呑児にとっては、母は至上の存在であって、母に対する乳呑児の愛は彼女の深慮に満足して信頼することであると言うことが出来るのではないかと思えます。また彼自身、「信頼によって幼児に自己の頼りなさの感情 (Gefühl seiner Unbehülflichkeit) が消えてゆく。母の力は彼の力である。幼児は自分に力のないことを知らず、自分の力を必要とするということに気づかず、彼の頼りなさに於いて信頼と愛とに生き、如何なる力の必要や貪欲 (Gierichkeit) も知らず、そのようなものへと向けられた如何なる努力をも知らない。」(P.W.A.XVI, S.34)

母に対する信頼によって幼児の心に自己の頼りなさの感じがおのずと消えてゆくという思考の方向は、植物的な発展をたどるとみられている「第一期の幼児期」の有する意義を解する上にも極めてみるべきものがあります。彼によれば、動物の乳呑児は誕生のときから自己自身の内にある自己の力の感じに生き、母の力のうちに、母をとおして、母に対する信頼に生きることをせず、誕生のときからあらわれる自己自身の力を使用しようとする生き生きとした貪欲に生きるのでありますが、人間の乳呑児の場合にはそれがないというよう

に、動物の乳呑児と人間のそれとの間における衝動の向かうべき方向には、実に大きな隔たりがあるものと考えられていたのであります。動物の乳呑児は一年の内にそのすべての力に成熟するが、これに反して、人間にその身体的ならびに動物的な力の成熟がいたって遅いのは、言い換えれば、人間の発達の初期にあって植物的な発展の方が動物的な力の発展よりも先にくるのは、「人間が彼の諸力の単純な自然的な歩みによって、いわば、おのずと、彼の動物的な、感性的な力は彼の本性の本質的なものではないことを確信するようになるというよりも、むしろ、この感性的な力に対し、彼の動物的な渇望（Gelüste）のすべての激しさ（Gewalt）に対し、人間的ならびに公民的な（bürgerlich）堕落によって動物的に彼に作用している周囲のもののすべての力に対して、彼自身の主人となるように定められているということを確信するようになるためである」(P.W.A.XVI, S.35)、「幼児は、彼に動物的な低級さでは（tierisch・niedrig）欠けているようにみえるものを、自己保存という目的のためにも人間的に高めて受け取る。故に、この身体的な力が人間の感性的な自己保存の見地からも、われわれのあらゆる素質の全般と一致を保ち、したがって感性的な自己保存に崇高化の影響を及ぼすのに適するようになり、われわれのあらゆる力と素質との共同的発展を身体的側面からも間断なき前進において押し進めるのに適するようになるのは、まさしくこの幼児の動物的・身体的の強化と活気づけがゆっくりと行われるからである。」(P.W.A.XVI, S.203) というのであります。『白鳥の歌』(1825) に於いても彼は、乳児期に「静かな平安」と「満足」とを維持することの必要性を強調して、「この時期に於いて幼児の植物のような生命を攪乱する不安動揺（Unruhe）は、われわれの感性的な動物的な本性のあらゆる刺激と要求を生気づけたり強化したりすることの基になる」(P.W.A.XVII, S.261) と語っているのでありますが、このようなことが言えるのも、「第一期の幼児期」に幼児のうちに、いわば母に対する信頼により自己が無力であるという意識が消えることによって人間的な力が発展するとの確信があったがためのことであります。いずれにしても、幼児は「第一期の幼児期」に於いて成熟させられたら、次には、彼の第二期、即ち、「第二期の幼児期（die zweite kindliche Epoche）へと移行してゆくことになります。

④ 第二期の幼児期（die zweite kindliche Epoche）

「第二期の幼児期」は、端的には、幼児に、彼自身と彼の最も近い環境とに関する真理の意識ならびに一つの環境が他の環境に対する関係の真理の意識を目覚めさせる時期であると、見做すことができるのではないかと思われるのでありますが、この時期に於ける幼児の発達の実態を、ペスタロッチーは以下のように捉えていたのであります。

　「第一期の幼児期」とは異なって、「第二期の幼児期」には、幼児には、彼の鋭くなってゆく感覚や彼の強くなってゆく力が、今や認識されるようになり、彼は彼が出来る事がらを知り、彼が出来る事がらに容易に直結する最も近い事がらを予知し、その事がらの出来ることを欲し、その事がらを試みるのであります。彼は彼の必要や彼の願望や彼の力の感情にせきたてられて、彼がまだ出来ない多くの事がらを試みなくてはならないのでありますが、結果的には、彼には、彼の能力についても彼の環境についても、正当な判断が増してゆき、日々多くの知識が獲得されるようになります（P.W.A.XV, vgl.S.321）。

この時期のはじめには、彼には本能的なものとして、「未知なるものに対する彼の無力の恐れからくる感性的引っ込み思案（die sinnliche Schüchternheit aus Scheu seiner Schwäche vor dem Unbekanten und Fremden）」（P.W.A.XV, S.326）がそなわっていたのでありますが、それも獲得した知識の増大とともに後退してゆき、漸次、恐怖することが少なくなり、環境をますます多く信頼し始めるようになってゆきます。しかしながら、幼児の発達に認められるそのような進歩も、最初のうちは、ただ母の手に導かれ、母のそばで母の確乎たる保護を受けるという状態の下でのみ展開するのであって、彼には、彼が何を知り、何を経験するにも母のそば以外では、自信などあろう筈はないのであります。それでもそうこうするうちに、やがて幼児は母の部屋の戸口の前に勇気を出して用心深く出て行って、母から離れて、ただゆっくりと周囲を見回しながら、こっそりと庭へ出てゆくことを始めます。とはいえ、強い物音がしたり、異様な姿が少しでも付近にあらわれると、すぐに母のもとに逃げ帰ってしまいます。そのようなことの度々の繰り返しによって幼児にも少しずつあたりの様子、即ち、彼を取り巻く環境がわかるようになってゆき、それにつれて、母か

ら離れたところでも幾分かは安心していられるようになり、更に、勇気を出して、以前に、家の戸口を信頼したように、今度は垣根を信頼し、庭の端までいって垣根の間から街道を眺め、更に進んでは、人や事物を沢山見たいという強い熱望に駆られて、庭の外で起こる事がらを一層近くで見聞するために、勇気を出して街道に接する庭の出口へ出てゆくようになります（P.W.A.XV, vgl.S.321 f.）。

「第二期の幼児期」としてペスタロッチーが想定していたのはこの段階までであります。勿論、この時期に、母親が何もしないわけではありません。この時期に、今や幼児が母の外なる事物を享楽することが少しでも出来るようになると、それにつれて、幼児は彼の母をあらゆる種類の事物のところへ連れてゆくようになるのでありますが、その際に母親は彼女がいつも彼についてなし、また彼とともになす事柄に対して「言葉（Worte）を授けようとします」（P.W.A.XV, S.320）。「母の言葉は幼児にとっては最初から既に単なる動物の声ではない。幼児は彼が母の口から聞く言葉を直接他の音声（Tönen）から区別することが出来なくても、その言葉は幼児を人間的に喜ばせます」（P.W.A.XV, S.194）、「母は幼児に彼の必要な対象や彼の周囲の対象が彼の感覚（Sinn）の前にあらわれ、彼を刺激し、彼を楽しませ、彼を満足させるときに、それらの対象の名称を教える。自然と必要とが幼児に対して常に完全な意識にまでもたらしたものに対して彼女は、知っている限りの言葉を与えるのであります。」（P.W.A.XV, S.320）

ペスタロッチーによれば、「幼児を本来的に人間的により一層導くものは、話すことを学ぶこと（Redenlernen）である」（P.W.K.IX, S.320）と考えられていたのでありますが、この大切な「言葉」を母はこの時期に幼児に授け、われわれ人類がその「内的直観の自己感情」（Selbstgefühl seiner innern Anschauung, P.W.K.IX, S.320）と世界の外的事物がつくりだした印象（Eindruck）とを表現している符号としての「省略符号」（Wortzeichen, P.W.K.IX, S.320）を、幼児の感情の表現として、また彼の感覚の印象として学び、使用することが出来るようにしようとしているのであります。

実際、この時期にも、幼児に対する母親の影響はそれだけに限られるわけではないのであります。幼児の道徳的・精神的・身体的発展のいずれに対しても

母の影響は強く、貴重であります。そしてこの時期を通じて、幼児は母親を通して彼の愛及び信頼を母の外なる周囲へ大いに拡大していくのでありますが、この拡大の結果として、やがて、「第三期の幼児期」への移行がみられるようになります。

⑤ 第三期の幼児期（die dritte kindliche Epoche）

　幼児発達の「第二期の幼児期」を通して、既に、「母の手から離れ、母の愛の保護から離れても、彼の増大する知識と諸力とが彼に与える高まりつつある自信（Sicherheit）を感じつつある」（P.W.A.XV, S.322）幼児は、「第三期の幼児期」に突入してこの自信をますます高め、信頼してよい対象とそうでない対象とを区別するだけでなく、彼自身を保護する力の増大を日々ますます多く感じるようになってゆきます。そしてまた、この時期に彼のうちに発達する力は、すべて、その本質のうちにそれらの力の応用を自主的に試みるための刺激を宿しているので、それらの力を応用できる場合には彼はそれを応用したがるし、また、一層多くのことが出来るようになりたいと望みます。この時期には、「居間（Wohnstübe）は幼児の意志にとっては狭すぎるようになる。母さえも彼にとってはもはや全部ではない。独り母のみが、もはや彼の世界であるようなことはない。彼は、母以外に一つの世界を認識するのである」（P.W.A.XV, S.323）、「幼児にとってはもはや母のもとにいるだけが幸福であるようなことはなくなる。幸福であるということと、母のもとにいるということは、彼にとってはもはや同一の概念ではない。母から離れても彼は幸福である。彼は母から離れて遊んでいる少年たち（Knaben）のもとへ飛んでいく。」（P.W.A.XV, S.323）ペスタロッチーはそのようにみていたのでありますが、幼児の生活の範囲、彼の経験の範囲の拡大は、かつて、彼の力が「家庭の生活に於ける母のかたわらで」（an der Seite seiner Mutter im Leben des Hauses der Hauses, P.W.A.XV, S.323）発達したのと同様に、いまや、それが「世間の生活における彼の仲間の傍らで」（an der Seite seiner Kameraden im Leben der Welt, P.W.A.XV, S.323）発達するのを可能にするのであります。そのようにして、仲間のそばで、世間の生活の中で、仲間の影響のもとに彼の諸力はますます増大し、身体の力、精神の力の増大とともに彼の心情も拡大してゆきます。「幼児が愛する範囲（Kreis）や彼が信頼する範囲が、いまや、再び彼の精神的活動と彼の身体的な力との拡大に

影響する。このことがいまやあらゆる関係において一層大きな一層普遍的な必要となってくる」(P.W.A.XV, S.323 f.)。その結果、幼児は感じられた必要性に促され、次第に世間のあらゆる知識や能力や財産を熱望し始めるようになるのであります (P.W.A.XV, vgl, S.324)。「いまや、あたかも彼の幼児らしい導き (Führung) の精神や、彼の幼児らしい弱さ (Schwachheit) の感情や、そこから生ずる不安心や疑心のあらゆる感情が、彼の思慮深さ (Bedächtlichkeit) を中止するかのようにみえる」(P.W.A.XV, S.324)。「あたかも幼児と母との間に彼の完全な発達の神聖な出発点として存在していた紐帯が完全に解けるかのように見える」(P.W.A.XV, S.324)。そして「あたかも幼児が、保護者も指導者もなしに、自由に世間へ踏み出すかのように見える」(P.W.A.XV, S.324) ようになるのであります。

　勿論、幼児と母との間の保護的な陶冶的な紐帯 (P.W.A.XV, S.324) が、幼児と「自然」との間に結ばれることなしにこの段階で切断されるということは、非常に危険なことであり、もしも、幼児の成長してゆく体力の感情が、彼に彼の乳呑児時代の発達や優しい感情が消滅するかわりに、勇気と、これまでは未知で使われなかった信頼 ― その信頼はせいぜい身体的には若干の根拠をもっていても道徳的ならびに精神的にはまったく根拠のない、そういった根拠のない信頼 ― とが生じてくるような方向を与えるならば、「幼児は明らかに彼がなす知識や能力や意欲の要求へ、ただ動物的に刺激されているのであって、人間的にそれらの要求へ高められているのではありません」(P.W.A.XV, S.325)。そこで、以前には、「幼児は彼の身体的な未熟さ (physische Unmündigkeit) の危険にあって、彼の救済と陶冶とのために保護的な愛の手への信仰 (Glauben) を、即ち母を、必要とした」(P.W.A.XV, S.326) のでありますが、それと同様に、幼児にはいまや「道徳的ならびに知的な未熟さの危険」(P.W.A.XV, S.326) のために、「いまや知っている悪の前に於ける彼の救済」(P.W.A.XV, S.326) のために、また、「善に対する彼の陶冶の確保」(P.W.A.XV, S.326) のために、更新された信仰 (erneuter Glauben, P.W.A.XV, S.326)、即ち「母に対する愛と信頼と忠誠との神 (Gott) に対する愛と信頼と忠誠とへの移行」(P.W.A.XV, S.329) が必要とせられるようになってゆき、それがまた可能であると考えていたようなのであります。

いずれにしても、ペスタロッチーは、幼児の本性の発展するこのような段階を「第三期の幼児期」として捉えておりました。

5. 幼児期（die kindliche Epoche）以降の生活

① 満たされた幼児期を過ごした幼児の場合

　ペスタロッチーは、人々に、幼児自身の本能（Instinkt）とその母の本能とが未だ世の中の技巧（Kunst）や困難（Not）や強制（Zwang）によって掻き乱されないところで幼児を観察するように勧め、自らもまたそうすることによって、人間の幼児期は誕生に始まり継起する三種の異なる時期より成ることを指摘していました。勿論、ここで言う三種の異なる時期とは、言うまでもなく、『基礎陶冶の理念について ― 1809年のレンツブルクにおけるスイス教育友の会でなされた講演 ― 』（Über die Idee der Elementarbildung, Ein Rede, gehalten vor der Gesellschaft der Schweizerisch Erziehungsfreunde in Lenzburg in Jahre, 1809）に於いて言及された三種の幼児期 ― 第一期の幼児期（die erste kindliche Epoche）・第二期の幼児期（die zweite kindliche Epoche）・第三期の幼児期（die dritte kindliche Epoche）― を意味するものでありますが、しかも彼は、それらの時期に人間的な母（menschliche Mutter）の膝下で満足せる幼児期を過ごすことの出来た幼児は、必ずや、やがて来る学校時代（Schulzeit, P.W.A.XVII, S.489）やその後の時代に対しても充分に用意されるに相違ないというように確信していたのであります。『基礎陶冶の理念について ― 1809年のレンツブルクにおけるスイス教育友の会でなされた講演 ― 』や『白鳥の歌』（1825）で語られた

　　「そのような幼児は、自然や環境がもたらすところのものや、技術が自然から発し幼児の環境に連携している限り技術さえもがもたらすものを、力強くとらえる能力がある。・・そのように導かれた幼児の意志は彼の本性が要求し、彼の環境がそれに対して刺激と手段とを提供するところの全てのものを学ぶことが出来るほどに、大きくまた生き生きとしているに相違ない」（P.W.A.XV, S.331）、「幼児が彼の生命の無邪気さ（Unschuld seines Leben）や彼の母への信頼（Glauben）の力のうちに、彼の母の神（Gott）を幼児らしく愛しながら、神と神の意志に関する認識や言葉

を求めるようになったとき、幼児が彼の家庭環境の敬虔な生活（frommes Leben）を通して宗教的な表象（Vorstellung）や祈りや賛美歌を通して彼の無邪気さにおいて強められ、彼の清廉な行状（Wandel）において支えられ、あるいはむしろ彼の清廉な行状へと高められるように成熟したとき、幼児は道徳的に学校教育を受ける能力がある（schulfähig sein）」（P.W.A.XV, S.332）、「幼児が無邪気さの中での力に満ちた自然生活を通して教授（Unterricht）の初歩に近づけられたとき、即ち、単純に成熟した幼児らしい観察の印象が正しい判断力の多面的な基礎を彼のうちにもたらし、成熟した個々の経験や見解から一般的な結論を下し理性的な適用をそれに関して行う能力が彼のうちに目醒まされ生気づけられたとき、幼児は精神的に学校教育を受ける能力がある」（P.W.A.XV, S.332 f.）、「幼児の眼が対象の比例関係（Verhältnismäßigkeit）を正しく把握することが出来るように成熟し、彼の手が何らかの方法でそれを正しく表現するように成熟して、創造の技（Werke eines Schöpfung）が造物主の精神と力から出てくるように学校の技術（Schulkunste）の全範囲がそれから出てくるところの精神陶冶（Geistesbildung）の要素によって、自己自身のうちにおいて興味をおこさせられ、内面的に生気づけられるようになることを彼が始めたとき、幼児は身体的技術的に学校教育を受ける能力がある」（P.W.A.XV, S.333）、「幼児は彼の家庭教育（häusliche Bildung）に於いて早くも、幼児期に（in seiner Unmündigkeit）彼の学校時代（Schuljahre）及び学校での指導（Schulführung）の祝福に満ちた利用に対する確実な方法へと用意され力強くさせられている。また幼児はこれまで受けてきた家庭教育から出て学校での指導の方へと指導が移されると、この指導の最初の段階が彼に練習されるべきすべての事がらにおいて、彼が彼の家庭生活のこれまでの練習で既にこれまでに受けてきたところのことを通じて、彼はすばらしくよく準備されているということがわかる」（P.W.A.XVII, S.494）、「基礎的に陶冶された青年期のはじめの子ども（angehende Junglinge）が小学校（Knabenschule）から人間形成（陶冶）のための学校施設（Bildungsanstalt）やあるいは徒弟として市民的な職業の仕事場へと入っていったりすると、・・彼らは彼らの幼児期および少年期の合自然的な指導を通じて、

これらの学校や仕事場を彼らの将来の生活のために祝福多く利用するのを高度に行わせるのである」(P.W.A.XVII, S.497)、「彼は彼の家庭の教育 (häusliche Erziehung)、彼の学校時代 (Schuljahre)、彼の身分及び職業の陶冶 (Standes- und Berufsbildung) の合自然的な陶冶手段の熟した祝福を享受して、父として市民として生涯の経路 (Laufbahn) へと入ってゆく。彼の以前の生活の時代は、それに対しては祝福された成果のための本質的な準備手段と見做されねばならない。彼は今やもろもろの義務を果たしてゆくその出発点に立っている。それらの義務の遂行のために、彼は彼の揺り籠の時代から彼のこの場合の陶冶の最後の時期まで合自然的に準備されてきたのだ。」(P.W.A.XVII, S.498)

上記の語句は、いずれも、かかる彼の確信から発せられたところのものと推察せられるのであって、それらの語句からわれわれは、明瞭に、満足せる幼児期をもつことの有する意義を彼が如何に高く評価し、重視していたかということの一端を看て取ることができるのであります。

　実際、満足せる幼児期を重視するペスタロッチーの思想は、それらの語句以外にも彼によって著わされた作品の随所に終始一貫して認められうるところのものであり、また彼がそうしたのは「それ相当の理由があった」からに外ならないのであります。

　② 満たされざる幼児期の存在とその時期を過ごした幼児のその後の生活

　「それ相当の理由」というのは、他方では、また、ペスタロッチー自身も、すべての幼児が幼児期 (die kindlich Epoche) に「満たされた幼児期」を過ごしているとは見做していなかったからであります。端的に言えば、彼は、幼児期に「満たされざる幼児期」を過ごす幼児の存在についても想定していたのです。

(i) 満たされざる幼児期の存在

　　ペスタロッチーは、「母なれども人間ならざる女性のすべての行動」(alles Tun weiblicher Wesen, die zwar Mütter, aber nicht Menshen sind, P.W.A.XVI, S.191) が醸成する「満たされざる幼児期」の存在とそれに起因する人間の不幸を、充分に認識し、それをまた非常に恐れてもいました。『ゲルトルートは如何にしてその子を教うるか——子どもをみずからの

手で教育しようとする母親への手引書、書簡形式による一つの試み ─ 』(1801)や『わが時代およびわが祖国の純潔とまじめさと高邁さを有する人々に対する時代の言葉』(1815)で語られた

「憐れな幼児よ！汝の居間は汝の世界であるが、しかし汝の父は彼の仕事場に縛られ、汝の母は今日は怒っており、明日は訪問に出かけ、明後日は機嫌がよい。汝は退屈である。汝が質問しても汝の女中は汝に答えてくれない。汝は道路へ出ることを欲するが許されない。今や汝は汝の姉と玩具を奪い合う。・・憐れな幼児よ！ なんと悲惨で冷酷で、心を堕落させるものよ、汝の世界は。しかし、若しも汝が金ぴかの車で木陰の路（Schattenbäum）を走らせたなら、汝の世界は、汝にとって多分具合がよいであろう。汝の女指導者（Führerin）は汝の母を欺き、汝は少ししか悩まなくてよくなるだろう。しかし汝は悩んでいるすべての人々より一層悪くなる。何を汝は得たのか？汝の世界は汝にとって悩んでいるすべての人々よりもなお一層重荷となろう。世界は不自然な術（Kunst）とその不自然な暴力（Zwang）の中で眠っていて、世界は心情の純潔を人間に維持する手段に対する如何なる感覚をももはやもっていない」(P.W.A.XII, S.353)、「今日の時代の母たちは、殆ど一般的にすべての階級に於いて、彼女たちの母性的な力や、母性的な使命や、母性的な手段の純粋な意識という点で混乱しており、自然から外れ、自己自身から外れ、彼女たちの居間から外れ、彼女らの幼児たちから外れて、世界の混迷や世界の外的現象の中へと導かれているということをわたしたちに隠蔽することは許されない。彼女たちは、彼女たちが彼女らの幼児たちのためにあるべき、またなすべきすべての事がらに於いて言うに言われないほど未熟で不案内である」(P.W.A.XVI, S.220 f.)、「母を母の力へと高めることの欠乏は彼女の幼児の真の人間的な陶冶の欠乏を決定し、母を母へと高めることの欠乏が一般的である場合には、それは、人類の道徳的・精神的・市民的品位の低下や、それとともに大陸（Weltteil）のすべての禍と文明の堕落（Zivilisationsverderben）のすべての禍いを惹き起こす。」(P.W.A.XVI, S.193)

上記の語句によっても、そのことは、おのずと、理解せられるのではないかと思われます。いずれにしても、この世には、「母なれども人間ならざる」女性が存在する限り、「満たされざる幼児期」を過ごす幼児もまた存在するのであると想定することによって、ペスタロッチーはそのような状態をこの世から消滅させんものとして専心誠意努力を傾けることになったのであります。「満たされざる幼児期」とそれが惹起するところのもの、それらを彼はどのようにみていたのであろうか。

彼の幼児観の把握にとってこの疑問の解明は断じて避けて通ることの出来ないところのものであります。

(ⅱ) 思想表現の形式としての「正・反」の手法

ホッツェ博士（Dr. Hotze）宛の書簡にも、「私の著作の歩みは権力（Macht）の過ちに対してよりも一般に時代精神を戒めることにずっと決定的な重点をおいています。」(P.S.B.Ⅰ, S.310) との言葉を見出すことが出来るのでありますが、そのように、「退却して勝つために」(in zurüktreten gewinnen, P.W.K.Ⅲ, S.226 f.) 着手されたペスタロッチーの著作活動には、明らかに、権力の過ちに対してよりも時代精神を戒めることに意を注いでいた努力の跡がうかがわれます。そしてそのためにこそ、彼はまた、ベルンの経済協会からいただいた金牌をも2～3週間後には「金のつぶし値（Geldwert）で政府に売却しなければならなかった」(P.W.A.ⅩⅦ, S.457) というほどのあの貧窮のさ中にあって、次々と貴重な諸作品を生み出すことが出来たのであります。

それはさておきいずれにしても、彼によって著わされた作品の多くには、概して、次のような傾向が具備されていたように思われます。即ちその傾向というのは、言うまでもなく表現上の形式とでも言えるところのものであるのでありますが、彼は、彼が自らの著作で彼自身言わんとする事がらについて語る場合、彼自身の希望やあるべき姿のそれを描出し強調するとともに、常にまた、彼自身における希望や努力の空しさやそれとは相容れない全く逆の事がらに想いをはせ、それについても言及するというような手法を使用していたということであります。

例えば、『アギス』（Agis, 1765）、『わが祖国の都市の自由について』(Von

Ⅲ. 人間観と幼児観　77

der Freiheit meiner Vaterstadt, 1779)、『隠者の夕暮』(Die Abendstunde eines Einsiedlers, 1780) 等々で語られた語句の中にも

＜ 正の思想表現 ＞

「アギスが王となり、‥彼は祖国を救済しようと決心し、祖国を再び最初の立法の基礎の上に、第二のリュクルゴス (Lykurg) として、それをおこうと決意した。」(P.W.A.I, S.15)

「高潔な心と自由への真実の愛とが青年たちの心の中に蘇った。‥彼らは‥リュクルゴスの法律を厳格に遵法すること (Beobachtung) によって、彼ら自身に徳性を、そして国家にはそれ以前の偉大さを再び与えようと決意した。」(P.W.A.I, S.18)

「スパルタの青年たちは高齢の市民たちよりも崇高に考えた。でも著名な人々もアギスの見解が崇高で偉大であり、祖国に利益や徳性の繁栄をもたらすであろうことを感じていた。‥彼らはアギスの意図の促進のうちに真実の名誉を求めようとし、潤沢 (Reichtum) を追放し、彼らの幸福 (Wohlfahrt) をリュクルゴスの法律の厳格な遵法の上に基礎づけようと決意した。」(P.W.A.I, S.19)

「レオニダス (Leonidas) は告訴され、王位を奪われ、クレオムプロト (Kleombrot) が国王になる。彼はアギスの意図を促進する。」(P.W.A.I, S.23)

「祖国よ！　わたしの魂は希望に向かって高まってゆく。祖国の息子や娘たちの顔のなかにわたしはわたしの同胞市民の一人をみる。彼はわたしの論文を手に持ち、その真理によって動かされ、彼の妻を抱擁している。‥涙が彼の顔の上にある。‥妻の涙、虚栄心の強い娘の死人のような蒼白い顔、何という光景だろう！　彼は母親を立ち上がらせる！　問題は克服されたのだ。‥家庭の幸福が確立したのである。」(P.W.A.III, S.135)

「わたしの魂は希望に向かって高まってゆく。祖国よ、汝の周囲に汝は自分の子どもたちの虚栄心を汝のために愛国者に提供するであろう人々を見出すであろう。来たるべき子どもたちの世代は彼らを祖国を救った戦いの英雄と呼ぶだろう。土地の父親たちの間に汝

は、たとえ彼らが祖国の最も大切な息子であったとしても、不遜な少年たちを彼らの貴族的な尊大さや王侯の猿真似のために非難する人々を、見出すであろう。父心（Vaterherz）をもって民衆（Volk）のなかに子としての感覚（Kindersinn）を育む人々、祖国的な美徳（Vaterlandstugend）と最も賢明で自由な憲法の精神とに基づいて民衆の中に市民としての感覚（Bürgersinn）を再び育成する人々を見出すであろう。祖国よ、普通の人々の間に汝は彼らを見出すのだ。」(P.W.A.III, S.135 f.)

「自然のこの純粋な道で陶冶された内的及び外的な人間の尊さ（Menschenhöhe）は低い力と素質に対する父の地位（Vaterstand）であり父としての感覚（Vatersinn）である。高い身分にある人間よ、汝の諸力をこの目的に向かって使用しなさい。人類の未発達の弱い群れに対する高い力の親としての感覚（Vatersinn）！ おお、ゲーテ（Goethe）よ！ それが汝の義務ではないか。」(P.W.A.IV, S.162)

＜ 反の思想表現 ＞

「今や汝（アギス）は汝の敵に、汝の祖国の敵に打ち勝った。汝の知っているすべてのものに打ち勝った。・・しかし・・それを表現すべき悲哀の言葉がどこにあろうか？・・無駄だ、汝が彼らに打ち勝ったのは無駄だ。それにもかかわらず汝の祖国は倒壊してゆくのだ。汝が富を断念し、若い時から非常な勇気をもって道徳的に生きてきたのも無駄だ。無数の人々を幸福にした法律を汝が与えたことは祖国にとって無駄である。暴君がそれを踏みにじるのだ。そして汝の報酬は死だ。人が奴隷を殺すような死だ。そしてその結果はスパルタの永遠の奴隷状態である。」(P.W.A.I, S.24 f.)

「なんとまあここで私は歓喜の調子において未来について語ったことか！ それにもかかわらず私の胸の中ではわたしの心はわたしを脅かす。・・わたしは、わたしの生涯の願いがしばしばそして空しく求めたところの画像からわたしを遠ざけるように、わたしはこの夢から覚めて、生涯の苦しい谷あいでくたくたに疲れ果てて落ち込んだかのように、すべての願いがかくも空しく生活の谷あいに陥ったかのよう

に、そしてわたしの胸はどきどきし、わたしの目は涙でいっぱいになっているかのようだ。わたしの胸はどきどきし、わたしの魂はかくも疲れ果てているのだ。人生（Menschenleben）における真理とは何か？　それは何を生ぜしめるのか？　それなのに何故にわたしは何も生じせしめない真理のために熱中しなければならないのか？　何故に夢で破れ果て、いつも安らぎと生活の喜びと静かな楽しい心の平和とを奪いとられねばならないのか？　なんとしばしばわたしは既に夢から覚めたことだろう！」(P.WA.III, S.136 f.)

「汝らは見ないのか、人間たちよ。汝らは感じないのか、地上の息子たちよ。如何に汝らの上流階級がその陶冶において内的な諸力を失っているかを？　汝は見ないのか、人類よ。彼らが自然の賢い秩序から遠ざかっていることが、いかに空しい荒れ果てた不幸を彼らの間に、そして彼らからおりて民衆（Volk）の間にもたらすかを。汝は感じないのか、大地よ。いかに人類（Menschengeschlechter）が彼らの家庭関係の純粋な祝福から離れて、彼らの知識をぴかぴか光らせたり、彼らの名誉心（Ehrgeiz）をくすぐったりするために、至る所で荒んだ、人を幻惑させるような舞台に押し寄せるかを。遥か遠くに迷える人類がさまよってゆく。」(P.W.A.IV, S.153)

上記のような、表現形式が見出されるし、あるいはまた、人類の歴史そのものを、自然状態から社会的状態へ、社会的状態から道徳的状態へというように、人類の意志（Wille）が漸次自由になる過程としてとらえた『人類の発展における自然の歩みについてのわたしの探求』(1797)での歴史哲学、及び人類の直観（Anschauung）がたどる五つの時代の「野蛮から出発して野蛮へ還る永遠の円環」(ewiger Zirkel der immer von Barbarey ausgeht und zu Barbarey hinführt, P.W.K.VIII, S.141) として人類の歴史を把握せんとした『時代へのペスタロッチーの訴え ― 時代 ― 』(1802-3)に於ける歴史哲学の、これら両者で想定された各状態・各時代が内包する二面性の存在や、『人類の発展における自然の歩みについてのわたしの探求』、『クリストフとエルゼ ― わたしの第二の民衆の書 ― 』(Christoph und Else, Mein zweites Volksbuch, 1782)、『希望』(Wünsche, 1776)、『ノ

イホーフに於ける貧民施設に関する論文』(Aufsätze über die Armenanstalt auf dem Neuhof, 1775-8)、『隠者の夕暮』(1780)、『リーンハルトとゲルトルート ― 民衆のための書 ―（第一部、第二部）』(Lienhard und Gertrud, Ein Buch für das Volk, Erster Teil 1781, Zweiter Teil 1783)、『リーンハルトとゲルトルート ― 民衆のための書 ―（第三部、第四部）』(Lienhard und Gertrud, Ein Buch fürs Volk, Dritter Teil 1785, Vierter Teil 1787)、『時代へのペスタロッチーの訴え ― 時代 ―』〔Pestalozzi in seinen Zeitalter (Epochen), 1802-3〕、『スイス週報』(Ein Schweizer Blatt, 1782)、『スイス週報（続）』(Des Schweizerblats Zweites Bändchen, 1782)、『人類の発展に於ける道徳的諸概念の生成について』(Über die Entstehung der sittlichen Begriffe in der Entwicklung der Menschheit, 1786-7)、『メトーデの本質と目的についてパリの友人達に宛てた覚書』(Denkschrift an die Pariser Freunde über Wesen und Zweck der Methode, 1802) 等々に瞥見出来る「全人間」(ganze Menschen, P.W.A.VII, S.251) に対する「半人間」(Halbmensch, P.W.A.VII, S.251) など、・・これらによってもわれわれは、容易に彼の著作に窺える上述の如き二面性の傾向が存在することを確認することが出来るのであります。そして、かかる傾向、かかる手法は、同様に、彼が幼児期について言及する際にも、やはり、また、採用されていたのであります。 実際、ペスタロッチー自身、「幼児の環境の彼の性向へ及ぼす印象をその完全さに至るまでどこまでも追及することは、ここでは、わたしを遥かに遠方へと導いていってしまうであろう。わたしは方向を変えて、既に述べてきたことをそれと相反することによって一層明らかにし、人間的な内的に満足した存在へ幼児を高めるという点からみて、他の全ての自然の恵みがそこから出発するところの第一の最高の自然の恵みが幼児に欠けているところで、同様に不可避的である効果への一瞥をいま投げてみよう。」(P.W.S.I, S.256) と述べていたことではありますが、その際に採用した方法は、「満たされた幼児期」の幼児への環境の幼児の性向に及ぼす印象を徹底的に追及して表現する困難さを避けるために、そしてまたそれをなすことによって「満たされた幼児期」の幼児理解を確実なるものにするために、自然の恵みが「幼児期」の幼児に欠けているところで

の不可避的な結果についても目を向けてみることでありました。

　したがって、そのようなことから、「満たされた幼児期」に関する彼の思想のより正確な把握のためには、われわれにも、「満たされざる幼児期」をめぐる彼の見解の吟味・検討が不可欠なものとなるわけであります。

③　満たされざる「第一期の幼児期」

　周知のように、ペスタロッチーは、「幼児期」に於ける子どもの発達の一般的傾向を把握する手懸りを得んとして、人間の「幼児期」に「第一期の幼児期」、「第二期の幼児期」、「第三期の幼児期」という相次ぎ継起する三種の異なる「幼児期」の存在を想定していたのであります。したがって、ここからは、彼によるそのような区分にしたがい、満たされざる「第一期の幼児期」、満たされざる「第二期の幼児期」、満たされざる「第三期の幼児期」等々に関する彼の見解を、順次、吟味・検討してみることにします。

　彼によれば、「第一期の幼児期」とは「幼児の素質の発達への母の影響が‥幼児の力の単なる単純な満足という範囲内を徘徊する」(P.W.A.XV, S.321) 時期であるとされていて、彼はこの時期に於ける幼児に「のんびりした気持ち (Gemütlichkeit)」(P.W.A.XVI, S.32) が持続することの意義を非常に重要視し、ためにまた、「この時期において幼児の植物のような生命を攪乱する不安動揺 (Unruhe) は、われわれの感性的な動物的な本性のあらゆる刺激と要求を生気づけたり強化したりすることのもとになる」(P.W.A.XVII, S.261) として、この時期に「静かな平安」と「満足」とを維持させることの必要性を強調していたのでありますが、ここに恐れられている「不安動揺」にさらされた「第一期の幼児期」こそ、まさに、当面の課題となっている、あの、満たされざる「第一期の幼児期」ということになるのであります。そして、満たされた「第一期の幼児期」ということであれば、当然のことながら、

　　「母はそれ以外のことはできないのであるが、全く感覚的な本能の力によってそれへ強要されて‥幼児を育み、養い、守り、喜ばせずにはおれない。母はそれを行い、幼児の要求を満たし、彼にとって不快であるものを彼から遠ざけ、彼の頼りなさに援助を与える。‥いまや幼児が決して見たことのないものが彼の目の前に現れると、幼児は驚き、恐れ、泣く。母が幼児をしっかりと胸に抱きしめ、彼と戯れ、彼をたのしませると、泣

くのがおさまる。しかし彼の目はそれにもかかわらずなおいつまでも涙で濡れたままである。その対象が再び現れる。母は再び保護的な胸に抱きしめ、彼に再び微笑みかける。幼児はもはや泣かない。彼は母の微笑に明るい澄んだ目で応える。‥母は要求がある毎に揺り籃のところへ急いでゆく。母は飢(ひも)じいときにはそこにおり、渇いたときには彼に飲ませてやる。幼児が母の足音を聞くと、幼児はおとなしくなり、母を見ると、手をさし延ばす。幼児の目は母の胸で輝き、幼児は満足する。母ということと満足している（Sattwerden）ということとは幼児にとってはひとつのものであり、まさしく同じ観念なのである」(P.W.A.XII, S.345 f.)
上記のような情景が目に浮かぶことになろうかと思われます。
　しかし、満たされざる「第一期の幼児期」ではそのような場面はみられません。それとは逆にそこには、「母が母を求めて泣き叫んでいる揺り籃の幼児（Wiegenkind）にとってしばしばそして不規則に欠けており、母がしずめてくれるべきであるという要求の感じの中にあって不快の感情をもちながら幼児がしばしばひどく長く待たされ、その結果、この感情が幼児にとって苦しみ（Leiden）や窮乏（Not）や悲痛（Schmerz）となってしまうような場合」(P.W.A.XVII, S.262)が頻繁に生起しているわけであります。ペスタロッチーによれば、「人間性の本質は平安（Ruhe）のうちにおいてのみ発展する。平安なしには愛（Liebe）はその真理と浄福のすべての力を失うのである。不安（Unruhe）はその本質において感性的な苦しみ（Leiden）か、それとも感性的な情欲（Gelüste）の子である。それは悪しき窮乏の子であるか、それともいまなお一層悪しき我欲（Selbstsucht）の子である。あらゆる場合に、しかしながら、不安は冷酷や不信仰の母であり、それからまたその本質上冷酷や不信仰に起因するすべての結果の母である」(P.W.A.XVII, S.261 f.)とのことであり、そのような不安への刺激を、ペスタロッチーは、「真の感性的な要求の満足に対する愛情に満ちた細心さ（Sorgfalt）の欠乏や、動物的な我欲を刺激する無価値な感性的の快楽（Genießung）の過剰から現れる」(P.W.A.XVII, S.262)というように考えていたのであります。実際、前者の場合について想いをめぐらすに、幼児の要求が遅れて満たされるような場合には、もはや母に対してまさにあるべき愛や信仰の神聖な萌芽が合自然的に発展し鼓舞されることが出来な

くなり、幼児のうちに彼の要求を満たしてやることによって生ずべき平安の代わりに、動物的な粗野な最初の萌芽である悪しき不安が発生し、次にはしばしばかつまた必然的に、激昂した感性的な、肉体的な自我の力の最初の萌芽と、その動物的な暴行への傾向と、さらにそれとともに不道徳な無信仰な、かつまた人間性そのものの内面的な神的な本質を誤解し否認するような世界精神の地獄を発展させるようになるであろうことは、容易に推察せられるところであります。(P.W.A.XVII, vgl.S.262)

　また、後者の場合についても、すなわち、幼児が感性的に不自然に刺激されない状態にあるときに、何ら自己自身のうちに要求を感じないような快楽を幼児に与えすぎることも、彼によれば、また、愛と信頼との萌芽がそこから合自然的に発展してくる神聖な平安の浄福を全く破壊してしまい、そしてまたもや同様に、感性的な不安、ならびにその不信と暴行とから起こる結果の不運を生ぜしめるというようなことになると考えられていました。(P.W.A.XVII, vgl. S.263)

　ペスタロッチーは、前者の場合に関連しては、「幼児の要求を母が満たすことが欠けていることに起因する苦痛 (Leiden) が幼児を内面的に激昂させるので、本来ならば彼の要求が容易に受け容れられるのを感じながら人間らしく嬉々として母の胸にすがりつく筈であるのに、そのような幼児は飢渇した動物のように母の胸に抱きついてくる。彼の欲するところのものに原因があるにしても、幼児に母の優しい手や微笑する目が欠けているところでは、幼児の要求が満たされていれば極く自然にあらわれてくる筈の微笑や愛嬌も、そのような幼児の目や口には発展しない。不安にさせられた幼児には、人間性の目覚めつつある生命のこの最初の徴である微笑や愛嬌は欠けており、反対に、愛と信仰との発達をいわばその最初の発芽において停止させ、混乱させ、そして幼児を人間性への彼の最初の発展にさいして本質的に危うくする不安と不信 (Mißtrauen) のあらゆる徴が幼児にあらわれてくるのである」(P.W.A.XVII, S.262 f.) と述べていたし、また、後者の場合についても、「いかなる身分にあるにせよ、彼女の子どもを日々感性的な享楽で満たし過ぎている愚かな母親は、人間性の実際の要求に如何なる真の基礎をももつものではなく、むしろその結果に於いて、人間性の実際の要求を確実に自主的に満たすことに対し

て越えがたい障害となるところの情欲を求める不自然さを、その子の心に生じせしめるのである。幼児はこの情欲によって、幼児が彼の生涯を通じ、真の要求を確実に自ら充足させるのに必要不可欠な諸力の萌芽を早くも幼児期に破壊されてしまうことになり、そしてまたそれによって幼児は容易にかつ殆ど必然的に、幼児期に於いてさえ、不安や心配や苦悩や暴行にますますさらされることにもなるのである。」(P.W.A.XVII, S.263) と述べていたのであります。いずれにしても、満たされざる「第一期の幼児期」には、ペスタロッチーによれば、満たされた「第一期の幼児期」に認められた幼児の存在の活動裡にあらわれる最初の成果としてのあの「発達せる愛」(P.W.A.XV, S.319)、「発達する信頼」(P.W.A.XV, S.319)、「幼児をたのしませたものに対する感謝の痕跡」(P.W.A.XV, S.319) は、到底認めることは出来ないと想定されていたのでありました。

④　満たされざる「第二期の幼児期」

母の手に導かれ、母のそばで母の確乎たる保護を受けるという状態の下に、幼児が彼自身と彼に最も近い環境に関する真理ならびに一つの環境が他の環境に対する関係の真理の意義に目覚め、彼に必要な対象や彼の周囲の対象が彼の感覚（Sinn）の前にあらわれ、彼を刺激し、楽しませ、彼を満足させるときに、母によってそれらの対象の名称を教えられ、言葉の使用が可能となり、母を通して彼の愛および信頼を母の外なる周囲へ大いに拡大していくようになっていく時期 — これが満たされた「第二期の幼児期」であるとすれば (P.W.A.XV, S.320 f.)、満たされざる「第二期の幼児期」は、およそ、これとは全く相容れない様相を呈しています。

「歌で母は乳呑児（Säugling）を寝かす。しかしわれわれは自然に少しもしたがわない。・・子どもがまだ殆ど一歳にもならないのに、母の歌は止んでしまう。一般に離乳したばかりの子どもにとって母はもはや母ではない。母は子どもにとっては心の散乱した重荷を負い過ぎた一人の婦人に過ぎない。ああ、そうなのだ！」(P.W.K.V, S.109) とペスタロッチーは慨嘆しているのでありますが、満たされざる「第二期の幼児期」が発生する原因の大部分は、勿論、そのような自然ならざる母と子の関係にあると考えられていたのであります。『音声と言語とによる人間陶冶に関する聴覚の意義について』(Über den Sinn des Gehörs, in Hinsicht auf Menchenbildung durch Ton und Sprache, 1808）に於いて、ペスタロッチーは母親に「母親よ！　汝の気高き使命を認識せよ！汝を自然と子どもとの間の仲介者だと認識せよ！　子どもに彼の五感のすべての発達に関してその本質的な力を神自身が汝のうちに与えたところの注意深い導きを享受させなさい。汝の子どもの運命は汝がこの力を如何に使用するかというその方法にまさしくかかっている。子どもに五感を通して意識にまでもたらされる最初の印象を導く際のふるまいは全く決定的である」(P.W.K.IX, S.317)、「自然の導きの印象が子どもに対して子どものために用いられる時期を死せる自然（todte Natur）が静かに待っているとき、母の愛の本能は、この目的の速やかで確実な達成のために母を落ち着かせず、気ぜわしくさせる。母の配慮と技術は彼女にそこに導く手段を明示する。それによって母は本来の理解の仕方において、自然の目的の促進とその確立のための自然と子どもの仲介者となるのだ。」(P.W.K.IX, S.318 f.) と訴えていたのでありますが、彼によって語られたそれらの言葉を待つまでもなく、「第二期の幼児期」に於ける母親の使命は、本来、「自然と子どもとの仲介者」としての役割を果たすことにあるべき筈であったのであります。したがって、この時期にもしも母親が自らの使命を自覚し、自らの使命を忠実に遂行したとするならば、満たされた「第二期の幼児期」の招来は必至であり、そのような母は必ずや幼児の平安を促進し、その攪乱を防ぐためにあらゆることをなすであろうし、その結果、外面的な偶然的な、かつまた不安動揺に導く感性的な刺激からではなくて、一般に幼児の諸力が最初に活気づけられてきて、次にはそれが彼の周囲の事物に対する静かな乱れない直観を通して、幼児自身のうちに静かに発展し、形成され、強化されていくようになるに違いないのであります（P.W.A.XVII, vgl.S.493）。

　この状態にあっては、幼児は母から不自然な不安動揺を注がれることはなく、むしろ彼を作りそこね誤り導くような刺激から母の手で守られるので、母にとって重荷になるようなこともめったにありません。母が幼児の激発した不安動揺に対して盲目的な親切心から不自然な、幼児にとって有害な鎮静手段を用いたり、あるいは激昂して幼児の不安動揺を彼女自身の不安動揺によって止めたり、あるいはまた激昂して幼児を叱ったり罰したり、幼児の無邪気を傷つけたり、幼児のうちに激情の種を目覚ましたり活気づけたりするようなはめに

陥るようなことは、めったにないわけであります。そして、幼児自身の諸力の平静な自己活動から生じてくる純なるもの・神的なものは、母のこうした態度を通じて日一日と幼児のうちに強められてゆき、彼の直観力はこの母の態度を通じて合自然的に発展させられ、そしてそれによって彼の言語力の発展も合自然的に基礎づけられるようになります（P.W.A.XVII, vgl.S.493 f.）。

満たされた「第二期の幼児期」にあっては上述の如き事態の進行がみられたに相違ないのでありますが、この時期に自らの使命を果たさない母の惹起した満たされざる「第二期の幼児期」にあっては、それとは様子を異にすることになります。その場合には、一般に、幼児は、その本能が互いに衝動的に鼓舞しあうままにまかせられるところから、彼の諸々の力を鼓舞する真に合自然的な影響を母から受けとることが常に妨げられ、乱され、その結果、合自然的に陶冶されないで、かえって反自然的に作り損ねられる危険にさらされることになり、やがて、そのような事情のもとに育てられた幼児は、そのできそこないの幼児のうるさい要求のために ── 幼児ができそこないになった責任は母自身にあるのであるが ── 母の重荷にさえなってゆくのであります（P.W.A.XVII, vgl. S.487）。

『白鳥の歌』（Schwanengesang, 1825）では、それとの連関で、ペスタロッチーは「母親が、もしも善良である場合には、幼児のために、不自然な、不自然に生気づけられた幼児の不安（Unruhe）に、幼児の感性を通じて有害となる鎮静手段（Stillungsmittel）さえもとるのである。もし母親が激情的である場合には、彼女は彼女自身の不安や不愉快な表現によって幼児の不安を鎮めようとする。彼女は何も罪を犯していない幼児を叱ったり罰したりする。幼児は彼女の指導の下ではそうならざるを得なかったに違いないのに。彼女は邪気のなさ（Unschuld）を罰する。彼女は激情の最初の種子を蒔き、憐れな被造物の中に無邪気の喪失の最初の種子を蒔く。幼児の諸力の落ち着いた自己活動そのものから生じてくる神的なものや純なるものは、次第に失われてゆく。不自然に生気づけられた感性的で動物的な本性から生じてくる激情的なものや神的ならざるものは、日一日と強まってゆく。幼児の直観力の自然的な発展は混乱させられる。合目的的に感覚の前にもたらされた直観の対象の陶冶的影響は、幼児の心の中でばらばらになってしまい、これらの対象そのものも同様に多方

面に幼児の感覚から遠ざかり、引き替えに幼児を作りそこなう多くの対象が不自然に生気づけられた刺激をともなって幼児の感覚の前にもたらされるのである。したがって直観力の合自然的な形成は、いわばその根源において不自然に混乱させられ、それによって直観力の合自然的な発展のうちに最初の基礎をもつ言語力および思考力の合自然的な発展も、完全に不可能にさせられはしないけれども、だがしかし、その合自然的な発展は既にこの時期において殆ど打ち克ち難い障害を与えられ‥」(P.W.A.XVII, S.487 f.) と言及しているのでありますが、彼によって描写されたそのような状態こそ、満たされざる「第二期の幼児期」に於ける幼児の実態であったというように、ペスタロッチーはみていたのであります。

⑤ **満たされざる「第三期の幼児期」**

「第三期の幼児期」にあっては、幼児は「母の手から離れ、母の愛の保護から離れても、彼の増大する知識と諸力とが彼に与える高まりつつある自信を感じ」(P.W.A.XV, S.322)、この自信をますます高め、信頼してよい対象と信頼して悪い対象とを区別するだけでなく、彼自身を保護する自らの力の増大を感じるようになってゆきます。したがって、それ以前の「幼児期」であれば、「幼児は‥本能的に未知なるもの (Unbekannten) や見知らない人 (Fremde) の前に恐怖し、この恐怖によって未知なるものや見知らぬ人が彼を陥れるかもしれない危険を避ける」(P.W.A.XV, S.325) のでありますが、この時期の幼児には、「独り母のみが彼の世界であるようなことはもはやなく、母以外に一つの世界を認識し」(P.W.A.XV, vgl.S.323)、保護者も指導者もなしに自由に世界へ踏み出そうとします。満たされた「第三期の幼児期」の幼児であれば、その際には、極く自然に「彼がなす知識や能力や意欲の要求へ、ただ動物的に刺激される」(P.W.A.XV, S.325) のを避け、「道徳的ならびに知的な未熟さの危険」(P.W.A.XV, S.326) に陥るのを防ぎ、「いまや知っている悪の前における彼の救済」(P.W.A.XV, S.326) のために「母に対す愛と信頼と忠誠との神に対する愛と信頼と忠誠とへの移行」(P.W.A.XV, S.329) をするのが普通であるのであろうが、満たされざる「第三期の幼児期」の幼児にあっては、「幼児 (Unmündigen) と母との間にある自然の関係が消え失せようとする」(P.W.A.XII, S.355) ときに、そのような移行は全くみられません。それどころ

か反対に、満たされざる「第三期の幼児期」の幼児は、もはや母を必要とせず、彼を取り巻く世界がその新たな光景のあらゆる感覚的な刺激をもって「お前はもうおれのものだ」と幼児に呼びかけます。そうなると幼児は、この新たな光景の呼び声を聴き、また、聴かずにはいられません（P.W.A.XII, vgl.S.349）。そして「幼児の本能は彼の内で消え失せ、成長する諸力の本能が場所を占めるようになる。そして幼いもの（Unmündigkeit）に特有な感情からあらわれてきた限りでの道徳の萌芽はたちまち萎んでしまい」（P.W.A.XII, S.349）、その時から世界が幼児を母の胸から奪い始め、「新しい世界が幼児にとって母となり、新しい世界が幼児にとって神となる。個人的な暴力（Eigengewalt）が彼にとって神となる。感覚の享楽が彼にとって神となる」（P.W.A.XII, S.350）。そのようにして幼児は母を失い、神を失い、自己自身を失い、愛の灯芯は彼のうちで消え（P.W.A.XII, vgl.S.350）、幼児の心にはもはや神はなく、自尊心の芽は彼のうちで凋（しぼ）み、幼児は感覚的な享楽をあくことなく求めつつ、堕落に向かって進んでゆくことになります。

「母に依存しない世界の刺激を初めて感じることに向かって、だんだんに消滅しつつある幼児の感情（Unmündigkeitsgefühle）が移ってゆくとき、われわれの本性の高尚な感情が発芽する土壌がはじめて幼児の足もとで崩れ始めるとき、こうして、母が幼児にとって以前あったところのものではもはやなくなってくるとき」（P.W.A.XII, S.350）、そして反対に、「世界の新たに生気づけられた現象への信頼の萌芽が幼児のうちに発達し、この新たな現象の刺激が、母が幼児にとって以前あったものではもはやない母への信頼や、それからまた見たこともない未知の神への信頼を、固く深く相互に入り混じって地中に呑みこまれている雑草の根のもじゃもじゃした組織が最も高尚な植物の根の組織を絞め殺しもつれさせるように、絞め殺しもつれさせることを始めるとき‥こうして母や神への信頼の感情と世界の新たな現象やその中にあるすべてのものへの信頼の感情が別々に分離するとき」（P.W.A.XII, S.350）、そのようなときには、実際、幼児は全く自己自身との矛盾に陥り、その見識やその無邪気さを失ってしまうであろうということは、容易に予想されうるところであります。

ペスタロッチーはそのような状況に関連して、「幼児の本能は今や彼の動物的な欲望を支持する。それは幼児に於いて強力であり、古いものである。確

信や見識は幼児の心の中では強力でも古いものでもない。それらは幼児に於いて微力で新しいものであり、本能に対してはただ微力に作用するにすぎない。幼児は今や悪を悪として認知することを学んでいる。幼児は自分が悪いということを知っていて悪をなす。」(P.W.A.XV, S.325)、「幼児にとって今や彼の目の前にあらわれている世界は神の最初の創造ではない。それは、幼児の感覚的快楽（Sinnengenusse）の邪気の無さ（Unschuld）にとっても、彼の内的な本性の感情にとっても、等しく堕落してしまっている世界であり、我欲の手段のための闘いに満ち、不合理に満ち、暴力に満ち、不遜と虚言と欺瞞とに満ちた世界である。」(P.W.A.XII, S.351)、「世界の新たな現象は、完全に、この時期の幼児にとってはその感覚的印象の一面性と、一面的に刺激することに対する抵抗なしに目の前にあらわれる。そうしてそれ故に、この新しい現象の表象は、その一面性と生気とによって、われわれ人類の精神的及び道徳的な育成（Ausbildung）の基礎になっている経験と感情との印象に対する決定的な優越を幼児の心の中で占めてしまう。そのことによって、実際、また、幼児の我欲と幼児の品位をおとすこと（Entwürdigung）との道は、その後無限の、無限に生気づけられた活動の余地（Spielraum）をつくり出すことになる。」(P.W.A.XII, S.352) 等々、と言及しているのでありますが、ペスタロッチーの想定したところの満たされざる「第三期の幼児期」というのは、まさに、そのような状態を意味するところのものであったのであります。

⑥ 満たされざる「幼児期」を過ごした幼児の行方

③ 満たされざる「第一期の幼児期」、④ 満たされざる「第二期の幼児期」、⑤ 満たされざる「第三期の幼児期」に於いて、筆者は、満たされざる「幼児期」に関するペスタロッチーの見解を解明せんと試みてきたのでありますが、それとの連関で、ここでは、満たされざる「幼児期」を過ごした幼児の行方について、ペスタロッチー自身どのように想定していたのであろうかということについても、目を向けてみることにします。

ペスタロッチーは、それについて、大凡、以下のようにみていたようであります。

「4. 満たされた幼児期」—— ③「第一期の幼児期」(die erste kindliche Epoche, 本論考、63頁）、④「第二期の幼児期」(die zweite kindliche

Epoche, 本論考、68頁)、⑤「第三期の幼児期」(die dritte kindliche Epoche, 本論考、70頁) ── の各「幼児期」を通じて、「母の誠実さ (Muttertreu) と人間的な同情 (Teilnahme) とによって優しく気高くされ、愛の感情に対して敏感にされたそのような幼児」(P.W.S.I, S.256) は、内面においては自己の崇高化の真実性と純真性とのために強く陶冶され、また外的生活関係のためには無邪気と愛とで自己自身と調和させられて、然る後に聖なる居間 (heilige Wohnstube) から世界 (Welt) へ、世界の学校 (Schule der Welt) へ出てゆくのでありますが、野蛮な居間 (Wohnstubebarbarei) で「幼児期」を過ごした、所謂、満たされざる「幼児期」の放任された幼児は、人間性に通ぜず、人間的関係によって高められず、人間らしさのすべての力のために陶冶されず、放任され、軽視され、母らしい配慮や父の真心や兄弟の愛情を享受せず、神の認識も神の信仰もなく生存し、あるいはむしろ萎縮して出てゆくことになります (P.WA.XVI, vgl.S.41)。したがって、このようにして満たされざる「幼児期」を過ごした幼児は、次に彼の移行する「学校時代」(Schuljahre) に対しても、「学校時代」を合自然的に利用する準備などは毫も出来ているわけでなく、彼にとって自己の誤った陶冶と、決して精神的・心情的ではなくてむしろ激情的に生き生きとした関連をもつ一つの新しい世界に入ってゆくというようなことになります。つまり、学校の指導においても幼児はその誤った教育を増進する機会をもつのでありますが、その誤った教育を増進するようによく準備されて、幼児は「学校時代」に入ってゆくのであります。勿論、満たされざる「幼児期」に於ける誤った教育は、彼の学校仲間全体の家庭における誤った教育と生き生きとした関連をもつようになるのであって、しかもすべての子どもの誤った教育はその本質上、一般に同一の原因・同一の性質を有するものなので、身体・精神・心情のすべての方面にわたり、それはまた一般に非常に伝染してゆきやすくなっております (P.W.A.XVII, vgl.S.488)。こういう事情の下では、学校の教師はどんなに欲しても、彼の子どもたちの身体的・精神的および道徳的の力を合自然的に形成してゆくことなど出来よう筈もありません。こういう事情の下では、教師は自分を自分の子どもたちの父親のような教育者

として感じ考えるどころか、反対に、自分を、殆ど必然的に精神も心情も手も、自分および自分が教えようとする事がらから遠ざかっている子どもたちの骨のおれる教授者（Unterrichter）及び調教師（Abrichter）として考え、感ぜざるを得なくなり、彼の教授や調教の似て非なる成果を確保するためにさえいとも不自然な手段を余儀なく選ぶことになります。報酬（Belohnung）や空虚な名誉（eitle Ehre）や名声（Ruhm）や学校刑罰（Schulstrafe）という不自然な力の採用などに、そのよい例をみることができます（P.W.A.XVII, vgl.S.489 f.）。したがって、このようにして、教育上や家庭生活において放任されるだけでなく、作り損われさえした子どもが小学校を終えて高等の、一般に学問的あるいは実際的の生活へ準備するための諸種の学校へ入ることになると、結果的には、この時期にひどく生き生きと発達する彼らの身体的発達の力は、どうかすると感性的な生活とその動物的な欲求とに対して、放縦や我欲や破廉恥や暴行などを挑発するひどく強い激情的な危険な栄養を与え、ついに彼らは皮相な知識や未熟な発展や生噛りの技術的・職業的な能力を基礎にして、傲慢な、服従をいっさい認めない、空想的な要求をするようなことになります（P.W.A.XVII, vgl. S.490）。

満たされざる「幼児期」の行方について、ペスタロッチーは上記のような様態を心に描いていました。それから先がどうなるかについては、彼自身、「その結果をわれわれは今日（in unseren Zeitalter）明らかに知っている。というよりはわれわれはその結果を現代（unsere Tage）の多方面の不幸の主要原因として現象面で明らかに知ってきているのである。」（P.W.A.XVII, S.490）と言い、あるいはまた、「現代の技巧的堕落の時代にあって、最初の幼児期に家庭生活での教育の在り方（Erziehungswesen）をしっかりと合自然的に基礎づけることが欠けていることから一般に生じてくる結果の素描を、わたしはこれ以上詳説するのは止めよう。」（P.W.A.XVII, S.491 f.）とまで言って、それ以上の具体的な説明を行ってはいなかったのであります。

IV. 民衆陶冶・基礎陶冶・基礎陶冶の実施時期とその担い手

　ペスタロッチーの構築した「民衆陶冶」(Volksbildung)、「基礎陶冶」(Elementarbildung)、「職業陶冶」(Berufsbildung)、「道徳的陶冶」(Sittliche Bildung) の輪郭は、大凡、「I. はじめに」の「3.『民衆陶冶』の『メトーデ』の輪郭と『手と頭と胸の教育』」(本論考、3頁-5頁) で触れたとおりでありますが、ここ、「IV.」では、それでは何故に、彼が、彼の所謂「メトーデ」(Metode) を案出し、提唱したのかということの一端を明らかにするために、「民衆陶冶」、「基礎陶冶」、「基礎陶冶の実施時期」ならびに「基礎陶冶の担い手」等々に関する彼の見解に目を向けてみることにします。

1. 民衆陶冶

　ペスタロッチーは、『メトーデ ― ペスタロッチーの覚え書き ― 』(Die Methode, Ein Denkschrift Pestalozzi`s, 1800) に於いて、「感性的な人間自然の機制 (Der Mechanismus der sinnlichen Menschennatur) は、その本質においては、自然的自然 (physische Natur) が一般にその諸力を発展させるところの法則に従うものである。この法則にしたがってすべての教授 (Unterricht) は彼の認識の本質的なものを確固として深く人間精神の本質のうちに (in das Wesen des menschlichen Geistes) 刻み込み、次いであまり本質的でないものは実にただ漸次的に、しかし不断の力で本質的なものに結合し、そしてすべてのそれらの部分 (Teile) をその最も本質的なものに至るまで生命のある、しかし釣合のとれた関係で保たせなくてはならない」(P.W.K.V, S.108) ということを力説していました。しかし、それとともに、彼はまた、同書に於いて「ヨーロッパは自然的機制のこの法則 (Gesetze des physischen Mechanisums) を民衆陶冶 (Volksbildung) のすべての部分 (Fächer) に利用するために何をなしてきたのか。」(P.W.K.V, S.108)、「幾千年の努力がわれわれにもたらしてくれた人類の認識の基礎手段 (Elementarmittel der menschlichen Erkenntnis) を人類の精神の本質と自然的機制の法則とに調和させることに対して、ヨーロッパは何をなしてきたのか。少なくとも教育機関の組織 (Organisation seiner Lehranstalten) において、話し方 (Reden) や図画 (Zeichnen) や書

き方（Schreiben）や読み方（Lesen）や数え方（Rechnen）や測定（Messen）について、現代はこれらの法則を利用しているのだろうか」(P.W.K.V, S.108) 等々の疑問をも提起していたのであります。

それらの疑問に対する彼の見解は

「わたしは何も知らない。現在のこれらの機関の組織において（in der bestehenden Organisation dieser Anstalten）、すくなくとも下層の人間（die niedere Menschheit）に関係している限りでは、これらの法則が本質上要求する全体の一般的調和と心理学的順序（psychologische Stuffenfolge）とに対しては、何ら顧慮せる形跡をわたしは認めない。否、人もよく知るように、下層階級の民衆教育（niederer Volksunterricht）の今日のやり方には、単にこれらの法則の一般的無視だけではなくて、かえってこれらの法則に対する乱暴きわまる一般的の反対さえ流行している。そしてさらに、これらの法則をかくも乱暴に無視することが一般にヨーロッパの下層階級にもたらした確かな結果がそもそも何であるかと尋ねるとき、わたしは次のことを見逃すわけにはいかない。現代の民衆を特色づける感性の硬化（sinnliche Verhärtung）・一般的偏狭（Einseitigkeit）・謬見（Schiefheit）・浅薄（Oberflachlichkeit）・傲慢な虚栄（anmaßungsvolle Leerheit）等々は、これらの法則を無視し、また人類の貧民（Armuth unsers Geschlechts）がわれわれの下層の学校で（in unseren niederen Schulen）受けた孤立せる非心理学的な、基礎なき、秩序なき、ばらばらの教授（Brokkenlehre）の明白な結果である。」(P.W.K.V, S.108 f.)

上記のようなものであったのでありますが、これと同様の事がらを『ゲルトルートは如何にしてその子を教うるか ― 子どもを自らの手で教育しようとする母親への手引書 ― 書簡形式による一つの試み ― 』(Wie Gertrud ihre Kinder lehrt. Ein Versuch, den Müttern Anleitung zu geben, ihre Kinder selbst zu unterrichten, in Briefen.1801) に於いては以下のように述べています。

「わたしの知る限りでは、学校は、その家の一番上の階層（oberst Stockwerk）は尚完璧な術（Kunst）において輝いているが、そこにはわずかな人間しか住んでおらず、中ほどの階層には（in dem mitteren）いくらか多くの人が住んでいるが、彼らが人間らしい方法で上層に昇って

いける階段がなく、さりとて彼らが半ば野獣のように無理に上に攀登ろうとすれば、人々はそのために彼らが使う腕や脚を予め引きちぎってしまい、さらにその下の三番目の階層には（im dritten）日光や健康な空気に対して上層の人々とまったく同じ権利をもっている無数の人間の大群が住んでいるが、彼らは窓一つない穴倉の、胸も悪くなるような暗がりの中に放置されているばかりでなく、彼らが上層の輝きを仰ぎみようとして、あえて頭を擡げようものなら、人々は彼らの目を刳り抜いてしまう、そのような大きな家のように思われた」(P.W.A.XII, S.234)、「‥ただわたしは次のことだけは分かっていた。それは教育の高級の諸段階 (der höheren Studen des Unterrichts)、あるいはむしろ高等教育そのもの (der höhere Unterricht selber) はあちこちで完成をみており、それの光輝があたかも日光が蝙蝠の目を眩ませるように、わたしの無知を眩ませているということだ。教育の中等段階（die mitteren Stufen des Unterrichts) すらわたしの知識範囲よりずっと高級だということも、わたしは知っていた。そして中等教育の最低段階さえも、しばしば蟻のごとき勤勉と熱意とをもって実行されているのをわたしは見ていたし、その功績と成果とは無視できないものがあった。けれどもわたしが教育の全体（Ganze des Unterrichtswesens）を見たとき、というよりは全体としての教育 (Unterrichtswesen als ein Ganzes) を見、また教育されるべきもろもろの個人の大群と結びつけて眺めたとき、わたしの無知にもかかわらず、わたしがわずかになしうる事がらでも、民衆（Volk）に 実際に与えられているとわたしが見た教育に比べると、なおはるかにましだとわたしには思われた。‥学校教育（Schulunterricht）はそれが実際に行われている様子をわたしが見たところでは、すべての大衆（das größe Allgemeine）にとっても、最下層の民衆階級（für die untersten Volksklasse）にとっても、少なくてもわたしの見た範囲では、ほとんど何の役にもたっていないということを、わたしは認めずにはいられなかった。」(P.W.A.XII, S.234)

これらの言葉からも推察せられるであろうように、彼は、当時に於ける学校教育の実態に満足していたわけでは決してありませんでした。それどころか反対に、既存の学校教育こそ、人類の不幸を惹起した原因であると考えていたの

であります。しかしながら、もともと彼は、人間は教育によってのみ人間となるということ、「人間はただ術によってのみ人間となる」(Der Mensch … wird nur durch die Kunst Mensch, P.W.A.XII, S.236) ということを固く信じていたのであるから、学校教育の実態をかかる惨めな姿においてとらえても、以前からの、教育によせる熱い信頼感を喪失させられるようなことはありませんでした。それどころか逆に、そのことによって、ますます、それに対する確信を深めさせられていったのであります。そこで彼は、そのような事態が実際に生じているのも、結局は、学校教育そのものの在り方に問題があったのではないかというように考えてゆくことになります。そして、結論としては、ヨーロッパの教育の欠陥がヨーロッパを現在のような状態に導いたのであると断定するのでありますが、しかも、その際に、どちらかと言えば、彼の関心は先の引用からも容易に推察せられるであろうように、彼にとっては、ある程度まで完成されているものと見做されていた高等・中等段階に於ける教育の分野には向けられず、彼にとって、彼がなしうるわずかな事がらでも実際に与えられている教育よりははるかにましだと思われていた最下等の段階にある教育の分野に向けられることになったのであります。実際、当時にあっては、高等・中等の各段階における教育を受ける可能性を有する者は、勿論、数の上でははるかに少数の、社会の上層階級、特権階級、富める人々の子どもに限られていたのであって、貧しい、虐げられた、社会の大部分を占める一般大衆の子どもに対しては、せいぜい最下等の段階に於ける教育を受ける機会しかその余地は残されていなかったのであります。そこで、彼は、「ヨーロッパの大部分の人々を無気力にしている (entmannen) かの学校の害毒を、単に糊塗するだけではなくて、根底からそれを癒す (heilen) こととこそ本質的な焦眉の急である」(P.W.A.XII, S.234) と確信して、そのための手段を本来あるべき姿の教育に求めようとしたのでありますが、とりわけ彼は、「貧しい者の子どもは富める者の子どもに比べて、教育の手段においていっそう大きな精錬を必要とする」(Das Kind des Armen bedarf noch ein größeres Raffiniment in den Mitteln des Unterrichts als Kind des Reichen, P.W.K.V, S.103) との見地から、それを、改善された民衆の教育に求めていったのであります。若かりし頃からの彼の関心ならびに活動が、すべて、人類の大部分を占める下層階級である一般民衆の救済に向けら

れていたということに留意するならば、その理由も自ずと明らかになる筈であります。

1846年1月12日のペスタロッチーの生誕百年祭に建立された記念碑には

「ハインリッヒ・ペスタロッチー	HIER RUHT
ここに眠る。	HEINRICH PESTALOZZI
1746年1月12日チューリヒに生まれ、	geboren in Zürich am 12.Januar 1746,
1827年2月17日ブルックに没す。	gestoben in Brugg den 17.Hornung 1827.
ノイホーフにおいては貧民の救済者、	RETTER DER ARMEN AUF NEUHOF,
『リーンハルトとゲルトルート』におい	PREDIGER DES VOLKS IN LIENHARD
ては民衆の伝道者、	UND GERTRUD, ZU STANZ VATER DER
シュタンツにおいては孤児の父、	WAISEN. ZU BURGDORF UND MÜNCH-
ブルクドルフとミュンヘンブーフゼー	ENBUCHSEE. GRÜNDER DER NEUEN
においては新しい民衆学校の創設者。	VOLKSSCHULE.
イヴェルドンにおいては人類の教育者、	IN IFERTEN ERZIEHER DER MENSCH-
人間、キリスト者、市民。	HEIT, MENSCH, CHRIST, BÜRGER.
すべてを人のためにし、自分にはな	ALLES FÜR ANDERE, FÜR SICH NICHTS !
にものをも！ 彼の名に恵みあれ！	SEGEN SEINEM NAMEN !」[13]

上記のようなドイツ語の語句が刻まれているとのことでありますが、第18世紀から第19世紀にかけての、あの革命を経ずしては時代的推移の遂げられぬほどの一大変動期に際会して、社会の苦悩を一身に担い、すべてを人のために、激動の時代を生き抜いた人であるペスタロッチーには、牧師たらんとした時期や政治家たらんとした時期、農夫たらんとした時期、社会改革者たらんとした時期、教師たらんとした時期等々、いろいろな時期がありましたが、それぞれの時期の波乱に富んだ彼の生き方は、全て、人類を救済せんがための、とりわけ、社会の最下層の人々、民衆を救わんがための彼の努力のあらわれであったのであります。「わたしは教師になろう」(Ich will Schulmeister werden, P.W.A.XII, S.174) と叫んで、彼が教育の世界に身を投じ、意欲的に、民衆の

---

[13] 邦訳は ケーテ・ジルバー著、前原 寿 訳『ペスタロッチー ── 人間と事業 ──』(岩波書店、1981. 332頁)、原文は Käte Silber：Pestalozzi. Der Mensch und sein Werk, Quelle & Meyer, Heidelberg 1957, revidiert von der Autorin für japanische Auflage, 1976. S.241

教育とその改善策の研究とに本格的に取り組むようになっていったのは、主として彼の生涯の後半生、即ち、彼がシュタンツの孤児院長となる53歳以後のことでありますが、それ以後の教授法の研究者・改革者、教育実践家としての彼の姿も、同様に、やはり民衆のため、人類のために、人間の世界を究極において支えているものの追求とその実現の方法の探究とを、終世自己の中心課題としていた彼の生き方を示すところのものでありました。

そして、そのようなことから、彼は民衆教育の改善に精魂を傾けるようになってゆくのでありますが、その際に彼は、民衆教育改善のための努力をするにあたり、あるべき姿の、理想の姿の教育・教授の方法を「民衆陶冶」(Volksbildung) の「メトーデ (Methode)」の問題として取り上げ、それを追究していったのであります。

既に本論考の「I. はじめに」の「1. 手と頭と胸の教育」に於いても言及したように、彼は、『人類の発展における自然の歩みについてのわたしの探求』(Meine Nachforschungen über den Gang der Natur in der Entwicklung des Menschengeschlechts, 1797) では、人類の発展過程に継起する三状態 ― 自然状態・社会的状態・道徳的状態 ― の構想に端を発し、それとの連関で、人間の本性そのものにも三種の異なる本質 ― 動物的本質・社会的本質・道徳的本質 ― が内在すると想定していたのでありますが、「民衆陶冶」の考察に際しても、彼は、「民衆陶冶のメトーデ」を三種の異なる状態の存在や三種の異なる本質が内在する人間観とのかかわりで、それを、基礎陶冶 (Elementarbildung) と職業陶冶 (Berufsbildung) と道徳的陶冶 (Sittliche Bildung) との三部門から成るものとして考えていました。

以下の ① 基礎陶冶、② 職業陶冶、③ 道徳的陶冶 では、それらについて『ヘルヴェチアの立法がとりわけ目指さねばならないものについての見解』(1802) に彼の考えが簡潔に記されているので、それらを参考にして、説明を加えておくことにします。

① 基礎陶冶

基礎陶冶 (Elementarbildung) とは、ペスタロッチーによれば、「身体」(Körper)、「精神」(Geist)、「心情」(Herz) の普遍的基礎 (die allgemeinen Grundlagen) をその最初の萌芽において覚醒させることに適した手段 (Mittel)

を包含するもので、その本質は、わが子を身体的・精神的・心情的に覚醒させ、活気づけようとする家庭の健全性（Unverdorbenheit）によって保たれた父母の本能的傾向（instinktartigen Neigung des Vaters und Mutter）の影響に立脚し、その傾向は、第一に、わが子の身体・精神・心情の素質の開発（der Entwicklung der Anlagen）に於いて、自然の道ゆき（Gang der Natur）を最も単純で確実な完備せる方法で堅持し、是正し、促進させるような立場に両親を置く一連の技術手段（Reihenfolgen von Kunstmitteln）によって支持され指導されなければならず、第二には、この家庭的影響の健全性と矛盾せず、家庭的影響の結果を三つの観点のすべてにおいて拡大強化する学校施設（Schülanstalten）によって支持されなければならない、というように考えられていたのであります。(P.W.K.VII, vgl.S.239)

② 職業陶冶

職業陶冶（Berufsbildung）とは、彼によれば、よき基礎陶冶によって覚醒され活気づけられた身体（Körper）および精神（Geist）の普遍的技倆（die allgemeinen Fertigkeiten）を外的適用（äußere Anwendung）によって強化し、拡大し、個々人の職業や身分の特殊な必要と調和させるに適した手段を包含し、それ故に、常にまた、それが人間の諸力を普遍的に包含する基礎陶冶の存在の上に築かれていて、かかる指導によって開発された身体と精神との普遍的技倆を強化し拡大して、それらの技倆を個々の人間の職業および身分上の必要の特殊な性質と調和させる限りに於いてのみよい、と考えられていたものであります。(P.W.K.VII, vgl.S.241)

③ 道徳的陶冶

道徳的陶冶（Sittliche Bildung）とは、彼によって、よき基礎陶冶によって覚醒され活気づけられた博愛心（Menschenfreundlichkeit）や好意（Wohlwollen）へのわれわれの心情の素質（Die Anlagen unsres Herzens）を強化し、拡大することに適した手段を包含し、特にわれわれがわれわれ人類を彼らの権利（Recht）や財産（Eigentum）の使用に於ける、あるいは彼らの公民的陶冶（bürgerliche Bildung）や公民的状況（bürgerliche Stellung）の結果の利用における博愛心や好意へ高めることに適した手段を包含するもので、これもまた、それが人間自然（Menschennatur）の素質を彼自身の高貴化（Veredlung）へ、

しかも、特に心情の素質（die Anlagen des Herzens）をよき基礎陶冶によって覚醒され活気づけられた博愛心および好意へと強化、拡大するような心理的手段の上に築かれる限りに於いてのみよく、また、それがわれわれ人類を人類の権利や財産の使用に於いて、あるいはわれわれ人類の公民的陶冶の結果の利用において、友情（Freundlichkeit）および好意へ高めるような心理的手段の上に築かれる限りに於いてのみよいのであるというように考えられていたものであります。(P.W.K.Ⅶ, vgl.S.246 f.)

2. 重視された基礎陶冶

　基礎陶冶（Elementarbildung）、職業陶冶（Berufsbildung）、道徳的陶冶（Sittliche Bildung）というこれら三つの部門は、いずれも、彼の構築した民衆陶冶（Volksbildung）を構成する欠くことの出来ない要素でありました。それ故に、何れの部門も、一様に、彼によって重視されていたのでありますが、事実としては、彼自身はそれらの三部門の中でも、基礎陶冶における研究に、とりわけ、力を注いでいたように思われるのであります。周知のように、彼の所謂「メトーデ」（Methode）は、彼によって案出された民衆陶冶の方法、あるいは人間教育（menschliche Erziehung）の方法として知られているものでありますが、それらの中でも、やはり彼は、三部門中、基礎陶冶に於けるメトーデの研究に一番力を込めていたのは事実であったようであります。民衆陶冶を構成する三部門の中でも、とりわけ彼が基礎陶冶の部門に注目し、それを重要視していたということ、この点に関しては、もともと彼は、「生命の新しさとは、自然の印象を感受する能力（Fähigkeit）がまさに熟しているということにほかならない。それはその衝動の全てをあげて（mit allen ihren Triebe）今や自己形成（Selbstbildung）が展開する機会を狙ってきた完成した自然的萌芽が覚醒したこと（das Erwachen der vollendeten phyischen Keim）、人間たらんと望み、また人間になるべきである生きものが今や成熟し覚醒したことに外ならない」(P.W.A.Ⅻ, S.184)。したがって、「子どもの感覚（Sinne）が自然の印象を感じるようになる瞬間から自然が子どもを教育する」(P.W.A.Ⅻ, S.184)というように考えていたということ、更には、「人間はただ術によってのみ人間となる」(Der Mensch‥wird nur durch die Kunst Mensch, P.W.A.Ⅻ, S.236)

というように考えていたということなどを、想い起こしてみるならば、その理由も自ずと理解することが出来るのではないかと思われます。したがって、彼の所謂「メトーデ」は、「職業陶冶」や「道徳的陶冶」の部門に重きをおくというよりは、むしろ「基礎陶冶」の部門に重点をおいて工夫されていたので、あたかもそれは、「基礎陶冶」の部門だけの「メトーデ」であったかの感がするほどのものであったのであります。

ところで彼は、彼の所謂「メトーデ」の中核をなすこの「基礎陶冶」の部門を、如何なるものとして把握していたのであろうか。それについても、若干ではありますが、触れておくことにします。

この部門に於ける陶冶について考察する場合にも、本論考の「I」でも言及したように、やはりペスタロッチーは、三種の異なる本質を包含するものとして人間の本性をとらえた彼自身の人間観との連関に於いて、それを行っていました。民衆陶冶が彼自身の歴史哲学および人間観との連関に於いて、基礎陶冶と職業陶冶と道徳的陶冶の三部門に細分化されて考えられていたのと同様に、「基礎陶冶」そのものも、彼にあっては、「基礎陶冶は身体（Körper）と精神（Geist）と心情（Herz）との普遍的基礎を、その最初の萌芽において覚醒させることに適した手段を含むものである」(P.W.K.VII, S.238) という見地から「身体的基礎陶冶」(die physische Elementarbildung) と「知的基礎陶冶」(die intellektuelle Elementarbildung) と「道徳的基礎陶冶」(die sittliche Elementarbildung) との三つの部門から成るものとして考えられていました。そして、彼によればそれらの目的は、それぞれ

① **身体的基礎陶冶**

　　身体的基礎陶冶の目的は、人間が彼の身体的自立性（physische Selbständigkeit）ならびに彼の身体的安定（physischen Beruhigung）の保持のために、それの発展を必要とする身体的諸素質（die physischen Anlagen）を、正しく、調和的に彼のうちにおいて発展させ、そして形成された技倆（Fertigkeit）へと高めることにあります。(P.W.K.VI, vgl. S.330)

② **知的基礎陶冶**

　　知的基礎陶冶の目的は、人間が彼の知的自立性（intellektuelle

Selbständigkeit）の保持のために、それの形成を必要とする彼の精神的諸素質（die Anlagen seines Geistes）を、正しく、普遍的に、かつ調和的に彼のうちにおいて発展させ、かくすることによって、それを一定の訓練された技倆（Fertigkeit）にまで高めることにあります。（P.W.K.VI, vgl.S.330）

③ 道徳的基礎陶冶

道徳的基礎陶冶の目的は、人間が彼の道徳的自立性（sittliche Selbständigkeit）の保持のために、それの発展を必要とする心情の諸素質（die Anlagen des Herzens）を、正しく、普遍的に、かつ調和的に彼のうちにおいて発展させ、それらを一定の技倆（Fertigkeit）にまで高めることにあります。（P.W.K.VI, vgl.S.330）

上記の①、②、③のように、想定されていたのでありますが、しかも、それだけではなかったのであります。彼によれば、これら三つの部分からなる「基礎陶冶」は、かたよることなく調和のとれた形で行われなければならないというのでありました。勿論、その場合の「かたよることなく調和のとれた形で行われなければならない」ということの真意は、より厳密に言えば、それは、本論考（45頁）に於いても言及したように、「人間の本性に内在する動物的本質と社会的本質とを道徳的本質の支配下におきながら、有機的に形成させられた真の意味での調和のとれた人間の形成」を意味するところのものであったのでありますが・・・。

いずれにしても、ペスタロッチーによれば、基礎陶冶はかたよることなく調和のとれた形でなされなければならないとされていたのであります。

3．基礎陶冶の実施時期とその担い手

① 基礎陶冶の実施時期

基礎陶冶は身体的基礎陶冶と知的基礎陶冶と道徳的基礎陶冶の三つの部分から成るということや、それらが調和のとれた形でなされなければならないということについては、既に言及してきたとおりでありますが、それでは、彼は、この基礎陶冶の実施に適した時期やその担い手をどのように考えていたのであろうか。

シュプランガーによると、「ペスタロッチーは彼の『メトーデ』を居間ではなくて、教室の中で発見し、形成した。彼は本来的には人間陶冶の『技術的手段（Kunstmittel）』を母親の手におこうとし、それによって一般的な教育学のもたらす『技巧による堕落（Verkünstelungsverderben）』に対抗しようという希望をもっていたのである。そこで、後期になると、彼は、教育は揺籃とともにはじまらねばならないということを、次第に重視していくようになる。そこには、幼い子どもの教育についての関心の増大が表明されているだけでなく、彼が完全には否認しなかった公の学校に対する確かな不信が表明されている。学校は彼にとっては『居間の教育（Wohnstübenerziehung）』に対するやむをえない代償物だったのである。『われわれは、人類を学校に入れることによって、人類を埋葬しているのである』」[14]、とのことであった。周知のように、『人類の発展における自然の歩みについてのわたしの探求』（1797）にあっては、ペスタロッチーは、人類の発展過程に於いてあいつぎ継起する三状態 — 自然状態・社会的状態・道徳的状態 — 相互の関係、即ち、感覚的享楽（Sinnengenuß）と社会的権利（gesellschaftliches Recht）と道徳（Sittlichkeit）との相互の関係を個人生活に於ける幼児期（Kinderjahre）と青年期（Jünglingsjahre）と成人期（Männeralter）との相互の関係になぞらえていました。そしてそれだけでなく、それとの連関において、民衆陶冶のメトーデを構想する場合にも、そこでは、また、彼によって基礎陶冶は幼児期に、職業陶冶は青年期に、道徳的陶冶は成人期になされものであると考えられていたのであるから、シュプランガーの見解には、納得できる点が多分にあります。

「人間の教育の最初の時期は誕生の時期である（die erste Stunde seines Unterrichts ist die Stunde seiner Geburt）」（P.W.A.XII, S.184）とみていた彼、しかも、「自由な自然の享楽への激しい欲望がまだ子どもたちの血液と血管とを知恵（Weisheit）と徳（Tugend）とに対してひどく悪化させないうちに、彼の血管と血液との中に有徳で（tugendhaft）賢明な（weise）心意（Gemütsstimmung）をもたらす感性的な補助手段（die sinnlichen Erleichterungsmittel）を注ぎ込むこと」（P.W.A.XII, S.344）を望んでいた彼の

14　EDUARD SPRANGER : PESTAROZZIS DENKFORMEN. Dritte Auflage, QUELLE & MEYER・HEIDELBERK, 1966, S.81

ことであるから、彼が、彼の重視していた基礎陶冶を「Kinderjahre」になされるものと考えたのも、当然であったと言えるかと思われます。そしてまた、この基礎陶冶のなされる時期については、『1826年4月26日にランゲンタールのために行われたヘルヴェチア協会の会合での講演』(Rede in der Versammlung der helvetischen Gesellschaft, gehalten am 26.April 1826 zu Langenthal, 1826)に於いて、彼自身、「揺籃から六、七歳になるまでのすべての階層の子供たちにおける・・教授手段の基礎的簡素化によって、彼らがこの場合必要とする教授の合自然的基礎づけのために何がなされうるかという問題です。」[15]とか、あるいは、「基礎陶冶の理念の諸利益の狙いは、基礎的にみて揺籃から六、七歳に至るまでに子供の直観力と言語力と思考力と技術力との確乎たる発展のために全く合自然的に行うことができ、また合自然的に行わればならない一切の事がらの継続と完成とであります。」[16]とか、あるいはまた、「現在一般的には殆ど使用されていないようにみえる六、七歳までの時期ははなはだ大切で、大いに利用できる時期であります。」[17]などと述べていたことからも推察されるであろうように、筆者はこれまで「Kinderjahre」を「幼児期」と訳出してきたのでありますが、実際のところは、「Kinderjahre」の「Kinder」を「子どもたち」と訳出して、ペスタロッチー自身は、基礎陶冶のなされる時期を「揺籃から六、七歳」に至るまでの子どもの時期と見做していたのではないかと解するのが当を得たものであるのではないかと思われるのであります。

② 基礎陶冶の担い手

ペスタロッチーは、「揺籃から六、七歳の時期に至るまで」になされる基礎陶冶は、それを、主として、家庭に於ける母親の手に委ねるのが最適であると考えていました。彼によれば、「母親は子どもを膝の上に抱き取る瞬間から、その子を教える」(Von dem Augenblick an, da die Mutter das Kind auf den Schoß nimmt, unterricht sie es, P.W.A.XII, S.311)のであるというのであります。したがって、そのようなことから、彼は、「子どもの最初の教育は決し

---

15 長田 新 編集校閲「ペスタロッチー全集（第12巻）：『ランゲンタールの講演』(平凡社、昭和34年、476頁)
16 前掲書、487頁-488頁
17 前掲書、488頁

て頭脳の仕事ではなく、決して理性の仕事ではなく、それは常に感覚の仕事であり、常に心情の仕事であり、常に母の仕事である」(Der erste Unterricht des Kindes sei nie die Sache des Kopfes, er sei nie die Sache der Vernunft — er sei ewig die Sache der Sinn, er sei ewig die Sache des Herzens, die Sache der Mutter, P.W.A.XII, S.353) とみて、子どもの最初の教育は「理性の仕事になり始める前に、長い間心情の仕事であり、男子の仕事となり始める前に、長い間女子の仕事であるのだ」(Der menschliche Unterricht bleibe lange die Sache des Herzens, ehe er die Sache der Vernunft, er bleibe lange die Sache der Weibes, ehe er die Sache des Mannes zu werden beginnt., P.W.A.XII, S.354) とまで断言していました。もちろん、そのようなことが言えたのも、結局は、彼自身、はじめから、女性・母親の自然(Natur)には、基礎陶冶の仕事を委ねられた場合に、それに応えられうるだけのものが内在しているのだということを確信していたからに外ならないのでありますが、その点については、彼自身によって語られた『メトーデの本質と目的についてパリの友人達に宛てた覚書』(1802) に窺われる

「女性の自然のうちには (in der weiblichen Natur) 普遍的な努力を駆り立てるにたる打ち消しがたい感覚的の諸々の刺激 (unauslöschliche sinnliche Reize) があり、これらがすべての人間教育 (menschliche Erziehung) の結果がそれの統一された形成に基づく、かの人間自然の三重の素質 (dreifache Anlagen der menschlichen Natur) を発展させるために働くことは否みえない。それ故に同様に、明らかなことであるが、人間の基礎教育 (Elementarerziehung des Menschengeschlechts) は女性の自然のうちにあるこの特殊な力 (Specialkraft) を承認することから出発し、そしてこの力の中心点を、言い換えれば母親の感情 (Muttergefühle) を彼女の全領域のうちにある道徳的形成の諸要素 (die Element der sittlichen Ausbildung) として利用し、生かし、次いでわれわれ人類の一般的基礎陶冶の全建築 (das ganze Gebeude der allgemeinen Elementalbildung unsers Geschlechts) をそれらの上に築くことによって始められなくてはならない。」(P.W.K.VI, S.349)

上記の語句によっても、解されるのではないかと思われます。

そのようなこともあって、彼は、世の母親たちへの期待を込めて、母親たちへの次のような呼びかけをも行っていました。

「母親よ、母親よ！わたしの種族の基礎的指導（die Elementarführung meines Geschlechts）がそのすべての三領域にわたって自己自身に調和をもたらされうるのは、あなたの膝（auf deinem Schooß = Schoß?）にかかっている。確かにわたしの種族の道徳的陶冶の基礎（das Fundament der sittlichen Bildung meines Geschlechts）を子どもに感覚的（sinnlich）に正しく置きうるのは母親だけである。さらに言えば母親の本能の単に感覚的の振る舞いは、それが本能の純粋な振る舞い（reine Handlungen des Instinkts）である限り、本質的に道徳的陶冶のためのすべての正しい感覚的・自然的の手段である。更に一歩進めて言えば、母親の一つ一つの振る舞いは、それが子どもに対する母親の健全な本能の単なる振る舞いである限り、それ自体三つの分野のすべてに於けるわたしの種族の一般的な基礎教育のための正しい基礎（ein richtiges Fundament für die allgemeine Elementarerziehung meines Geschlechts）である。子どもに対する母親のすべての振る舞いは、それが母親の本能の純粋な結果であり、これ以外の何ものでもないなら、如何なる場合にも身体的・知的ならびに道徳的の形成の三重の視点を包括する。たとえ母親が子どもに一杯の水を一つのテーブルから他のテーブルへ運ぶように単に言いつけるだけの場合にも、彼女は必ずや第一に子どもの身体的状態に注意を払い、第二に子どもがコップの中にある水を覆させないかどうかに注意し、そして最後に彼女が言いつけたことがうまくなされたら、彼女は子どもに微笑みかける。このように母親はあらゆる場合に個々の言いつけに際して子どもの身体的陶冶（seine phüsischen Bildung）、知的発展（seine intellectuell Einwicklung）および心臓の感情の生気づけ（die Belebung der Gefühle seines Herzens）に、作用するのだ。」(P.W.K.Ⅵ, S.345 f.)

繰り返すことになりますが、彼によれば、「母親はその子の身体的方面の最初の養育者（Nährerin）であると同様に、神の指図によって（von Gottes wegen）その子の最初の精神的な養育者でもあり」(P.W.A.Ⅴ, S.122)、また道徳的方面の最初の養育者でもなくてはならなかったのであります。

母親の自然（Natur）を彼はそのような観点から捉えていたのであります。しかしながら、だからと言って、彼は、人間の基礎陶冶の部門をあるがままの姿の母親に委ねれば、もうそれだけで十分であるなどと考えていたわけではありませんでした。彼は、母親は自分の子どもに関しては、彼女の為しうるものを為させようとし、そしてその子どもに関して彼女が欲する事がらをなさせることが出来るのだということを認めてはいたのでありますが、同時にまた、「母親に欠けているのは彼女の意志ならびに彼女の力の外的な指導である」（Was ihr mangelt, ist äußere Leitung ihres Willens und ihrer Kraft, P.W.K.VI, S.347）ということをも認めていました。それ故に、彼が、「どんな母親でも他人の助けなどなくて自分で考え、しかもそれによって同時に自らも絶えず学びつつ向上することが出来る」（P.W.A.V, S.122）ように、母親のために、基礎陶冶の部門に於ける教授手段を単純化してやることが出来たらと欲するようになるのも、ごく自然の成り行きであったのであります。実際、彼はその必要を満たすための「メトーデ」（Methode）の研究に全力を注ぐことになります。そしてその際に、彼は、自分がこれから案出すべき基礎陶冶の部門のための「メトーデ」は、「どんな母親でも、また後になってはどんな教師でも、ごくわずかな教授能力さえもっていれば、それを理解し、言って聞かせ、説明し、まとめてやれるような極めて単純なものでなければならない」（P.W.A.XII, S.197）し、その成果も、教授を行う個人の技能によって左右される危惧を有する従来からの方法とは異なり、その方法の様式のもつ本性のために成果があがるというような、したがって、少なくとも、基礎陶冶の段階に於いては、教師（Lehrer）を、そのような方法の単なる機械的な道具に（zum bloßen mechanischen Werkzeug）し、無学な者にも、博学の者にも等しく巧みに使いこなせるような方法でなければならない（P.W.A.XII, vgl. S.199）とする考え方にたどりつくことになります。いずれにしても、「教育の機械化」（mécniser L'éducation, P.W.A.XII, S.183）を図ることを目指した基礎陶冶（Elementarbildung）の「メトーデ」は、そのようなことから案出されることになったのではないかと推察することが出来ます。また、「子ども期」（Kinderjahre）における人間の教育のために案出されることになった基礎陶冶の「メトーデ」には、母親にも、後になっては教師にも、学識などは必要でな

く、ただ単に、健全な常識とこの方法の習熟だけが必要とせられるとするようなところがあったので、その考えを更に一歩突き進めれば、そこからは、「普通の学校教育の最低の段階は子どもたちが母親から享ける教育の成果の上に築くことができるのだ」(die unterste Stufe des gewöhnlichen Schulunterrichts auf die Folgen des genossenen mütterlichen Unterrichts gebaut werden kännte, P.W.A.XII, S.219 f.) とする見解や「基礎陶冶の部門における教育のためには小学校の必要を漸次なくし、これを改良された家庭教育で補充することだ」(das Bedürfnis der Elementarschulen allmählich aufzuheben durch eine verbesserte häusliche Erziehung dieselben zu ergänzen, P.W.A.XII, S.197) とする見解までもが生みだされるようなことになるであろうことも、十分に予想されうるところであります。

いずれにしても、基礎陶冶の「メトーデ」はそのようなことから案出されたものであったと解することが出来るので、極端な言い方をするならば、それは、「自然によっていともはっきりと定められている母親の使命に向かって母親を再教育する」(die Mütter wieder zu dem zu bilden, wozu sie von der Natur so auffallend bestimte sind, P.W.A. XII, S.219) ために案出されたものであったのではないかという、実に意味深い意図をもつものであったのだというように見做すことが出来ます。基礎陶冶の「メトーデ」はそのようにして生み出されたのでありますが、彼は、それを案出するに当たっては、とりわけ、人間のもつ直観 (Anschuung) の力を重視していました。

基礎陶冶に関わる「メトーデ」の根底に、人間のもつ直観の力を据え、これを基本原理とすることによって、彼は所謂「メトーデ」を完成せんと企図してもいたのであります。そしてまた、だからこそ、彼には、当時に於けるヨーロッパの悲惨な状態をみて、「現在および将来の市民的 (bürgerlich)、道徳的 (sittlich) および宗教的 (religiös) な転倒 (Überwältungen) をくい止める手段はもはや一つしかない。それはわれわれの民衆教育 (Volksunterricht) の皮相と欠陥と迷妄とを去って、直観がいっさいの認識の絶対の基礎であるということ (daß die Anschauung das absolute Fundament aller Erkenntnis sei)、言いかえれば、いかなる認識も直観から出発しなければならず、また直観に還元しうるものでなければならないということを再確認しなければな

らない」(P.W.A.XII, S.310) と確信し、主張することも出来たのであって、「I. はじめに」(本論考、5頁) で提示した「知的基礎陶冶 (die intellecktuelle Elementarbildung) の輪郭」にも、基礎陶冶の「メトーデ」の重要な方法原理として「音声のABC」や「算術のABC」と共に「直観のABC」があげられているのも、それを示すところのものであったのであります。

V. おわりに

　「ペスタロッチーを手と頭と胸の教育を重視した人」であるとする四大教員養成系学部の一学生の言葉は、もしかしたら、西洋教育史に関するテキストからの受け売りであったのかも知れないのでありますが、それを、基礎陶冶を構成する身体的基礎陶冶、知的基礎陶冶、道徳的基礎陶冶のそれぞれに、順次、「手の教育」と「頭の教育」と「胸の教育」という象徴的な表現を与えることによって発せられたところのものであると受けとめ、本論考に於いては、筆者は、ペスタロッチーが基礎陶冶（身体的基礎陶冶、知的基礎陶冶、道徳的基礎陶冶を含む）、職業陶冶、道徳の陶冶の三部門から成る「民衆陶冶」（Volksbildung）の「メトーデ」（Methode）を案出し、提唱するに至った理由を明らかにするために、ペスタロッチーが著わし、残してくれた諸作品や関係資料の幾つかを手掛かりに、彼自身の歴史哲学や人間観、幼児観、民衆陶冶、基礎陶冶、基礎陶冶の実施時期とその担い手、等々に関する彼の見解の吟味・検討を進めてきました。勿論、筆者の採り上げた彼の著わした作品や関係資料はわずかなものでしかありませんでした。しかしながら、今日、残されているペスタロッチーの原著ならびに彼に関する文献には、例えば、古いものでは「イスラエル」による分類や、また、比較的新しいものとしては「前原による指摘」＊などによる以下の指摘によっても明らかなように、夥い数のものがあるとされております。

　　＊　＜イスラエルによる分類に関して＞
　　　「イスラエルは主に独逸を中心として英、仏、瑞西その他に於いてペスタロッチーの生涯及び其学説に就いて研究せるものを次のように分類して居る。
　　　第一　ペスタロッチーの教育説に関する単行本、論説、並びに其教育説を引用せる主な文献
　　　　　一、理論的基礎に関するもの
　　　　　　　　千八百九十八年迄　約三十六種
　　　　　二、教授の方法に関するもの
　　　　　　　　千九百二年迄　約九十五種

　　　　三、人類教化に関する方面のもの
　　　　　　　千九百三年迄　約五十六種
　　　　四、各教科教授への応用に関するもの
　　　　　　　千九百二年迄　約百二十六種
　　　　五、学校への応用に関するもの
　　　　　　　千九百二年迄　約百四十七種
　　　　六、ペスタロッチーの学説と他の学説との比較に関するもの
　　　　　　　千九百二年迄　約七十九種
　　　第二　ペスタロッチーの伝記に関するもの
　　　　一、生涯の伝記に関するもの
　　　　　　　千九百一年迄　約百四十五種
　　　　二、伝記の一説に関するもの
　　　　　　　千九百一年迄　約百二十三種」[18]
　＊　＜前原の指摘に関して＞
　　「ペスタロッチーの原著ならびに彼に関する文献は実に膨大な数にのぼっている。たとえば、原著についていえば、1927年からほぼ半世紀の歳月を費やして近々スイスで完成される予定の『ペスタロッチー著作全集』(校訂版、全28巻)は、1980年現在その第17巻Bのみは未完であるが、これが刊行されると三百余編におよぶ彼の大小さまざまな作品がすべて公になるであろう。厳密な意味での著作全集はこの校訂版が唯一のものであるが、そのほか全集と呼ぶべきものが、今日まで12ケ国において、それぞれ総計42種類も刊行されている。・・・さらにペスタロッチーの書簡についていえば、これまでドイツ語版による五種類の書簡全選集がスイスとドイツで刊行されているが、1946年から始まり、1971年に完成された『ペスタロッチー書簡集』(校訂版 全13巻)には、6050通のペスタロッチー自身の書簡と、202通のアンナからの書簡とが収められており、その大半はむろんそれまで未公刊のものであった。編者エマヌエル・デーユンク博士によれば、この書簡選集にはさ

18　Roger de Guimps:Histoire de J.H.Pestalozzi, de sa pensée ;et de son œuvre 1874 著、文学博士　小西重直・文学士　長田　長　監修、大日本学術協会　譯修『ペスタロッチの生涯と其の事業』(モナス、昭和2年、1頁-2頁)

らに新しく見いだされた 105 通のペスタロッチー自身の未公刊の書簡とペスタロッチーにあてた約 1000 通の書簡とが数巻に収められ、増補される予定である。・・・ペスタロッチーの原資料のほかに、彼に関する多くの文献がある。彼の祖国スイスにおいても、これまで彼の影響を最も多く受けたドイツにおいても、その数は枚挙にいとまがない。たとえば、クリンクの集計によれば、1923 年から 1965 年にかけて出版され、今日スイスと西ドイツのおもだった図書館に収められている単行本や論文等あわせて 2778 編のものが数えられる。わが国だけをみても、明治 8 年（1875 年）からほぼ一世紀のあいだに、私の知る限りでも、111 編の単行本と約 450 編におよぶ論文が公にされている。」[19]

いずれにしてもペスタロッチーの原著ならびに彼に関する文献には膨大な数のものがあり、現状では、なおも増加の一途を辿るかの傾向が認められます。したがって、本論考に於いては筆者にはそれが出来なかったのでありますが、それらの作品を更に吟味・検討することにより、本論考で追求してきた主題に、より一層、近づくことが出来るのではないかと考えているところであります。

本論考の執筆にあたり、邦訳されているペスタロッチーの作品や国外の文献等については、それらを活用し、内容面からみて筆者による邦訳とほぼ同じであるとみなされる箇所は、引用・参照させていただきました。ご関係の方々には心より敬意を表するとともに感謝致しております。

19　ケーテ・ジルバー著、前原　寿訳『ペスタロッチー ― 人間と事業 ―』（岩波書店、1981、341 頁-342 頁）

ペスタロッチー作品の略記号

ペスタロッチー（Pestalozzi, J. H.,1746-1827）の著作中、本論考に於いて使用された作品の略記号は下記の通りであって、括弧内の数字は頁を示しています。

P.W.A.I　　Agis, 1765. Heinrich Pestalozzi, Werke in acht Bänden, Gedenkausgabe zu seinem zweihundertsten Geburtstage, Herausgegeben von Paul Baumgartner, Schriften, Aus den Jahren 1765-1783, Rotapfel "Verlag, Erlenbach" Zürich

P.W.K.I　　Wünsche, 1766. Pestalozzi, Sämtliche Werke, herausgegeben von Artur Buchenau, Eduard Spranger, Hans Stettbacher, 1. Band, Schriften aus der Zeit von 1766 bis 1780. Berlin und Leipzig 1927, Verlag von Walter de Gruyter & Co.

P.W.A.II　　Aufsätze über die Armenanstalt auf dem Neuhof, 1775-1778. Heinrich Pestalozzi, Werke in acht Bänden, Gedenkausgabe zu seinem zweihundertsten Geburtstage, Herausgegeben von Paul Baumgartner, Schriften, Aus den Jahren 1765-1783, Rotapfel "Verlag, Erlenbach" Zürich

P.W.A.III　　Von der Freiheit meiner Vaterstadt, 1779. Heinrich Pestalozzi, Werke in acht Bänden, Gedenkausgabe zu seinem zweihundertsten Geburtstage, Herausgegeben von Paul Baumgartner, Schriften, Aus den Jahren 1765-1783, Rotapfel "Verlag, Erlenbach" Zürich

P.W.A.IV　　Die Abendstunde eines Einsiedlers, 1780. Heinrich Pestalozzi, Werke in acht Bänden, Gedenkausgabe zu seinem zweihundertsten Geburtstage, Herausgegeben von Paul Baumgartner, Schriften, Aus den Jahren 1765-1783, Rotapfel "Verlag, Erlenbach" Zürich

P.W.A.V　　Pestalozzis Brief an einem Freund über Aufenthalt in Stans, 1799. Heinrich Pestalozzi, Werk in acht Bänden, Gedenkausgabe zu seinem zweihundertsten Geburtstage, Herausgegeben von

Paul Baumgartner, Schriften, Aus den Jahren 1798-1804,
Rotapfel "Verlag, Erlenbach" Zürich

P.W.A.VI　　Lienhard und Gertrud, Ein Buch für das Volk. Erster Teil, 1781.
Heinrich Pestalozzi, Werke in acht Bänden, Gedenkausgabe zu seinem zweihundertsten Geburtstage, Herausgegeben von Paul Baumgartner, Erster und Zweiter Teil nach der ersten Fassung, Rotapfel "Verlag, Erlenbach" Zürich

P.W.A.VII　Christoph und Else, Mein zweites Volksbuch, 1782. Heinrich Pestalozzi, Werke in acht Bänden, Gedenkausgabe zu seinem zweihundertsten Geburtstage, Herausgegeben von Paul Baumgartner, Rotapfel "Verlag, Erlenbach" Zürich, Christoph und Else.

P.W.K.II　　Ein Schweizer Blatt, 1782. Pestalozzi, Sämtliche Werke, herausgegeben von Artur Buchenau, Eduard Spranger, Hans Stettbacher, 8. Band, Berlin und Leipzig 1927, Verlag von Walter de Gruyter & Co.

P.W.K.III　Des Schweizerblats Zweytes Bändchen, 1782. Pestalozzi, Sämtliche Werke, herausgegeben von Artur Buchenau, Eduard Spranger, Hans Stettbacher, 8. Band, Berlin und Leipzig 1927, Verlag von Walter de Gruyter & Co.

P.W.A.VIII Lienhard und Gertrud, Ein Buch für das Volk. Zweiter Teil, 1783.
Heinrich Pestalozzi, Werke in acht Bänden, Gedenkausgabe zu seinem zweihundertsten Geburtstage, Herausgegeben von Paul Baumgatner, Erster und Zweiter Teil nach der ersten Fassung, Rotapfel "Verlag, Erlenbach" Zürich

P.W.A.IX　　Lienhard und Gertrud, Ein Buch fürs Volk. Dritter Teil, 1785.
Heinrich Pestalozzi, Werke in acht Bänden, Gedenkausgabe zu seinem Zweihundertsten Geburtstage, Herausgegeben von Paul Baumgartner, Driter und vierter Teil nach der ersten Fassung, Rotapfel "Verlag, Erlenbach" Zürich

P.W.A.X   Lienhard und Gertrud, Ein Buch fürs Volk. Vierter Teil, 1787. Heinrich Pestalozzi, Werke in acht Bänden, Gedenkausgabe zu seinem zweihundertsten Geburtstage, Herausgegeben von Paul Baumgartner, Dritter und vierter Teil nach der ersten Fassung, Rotapfel "Verlag, Erlenbach" Zürich

P.W.K.IV   Über die Entstehung der sittlichen Begriffe in der Entwicklung der Menschheit, 1786/7 ? Pestalozzi, Sämtliche Werke, herausgegeben von Artur Buchenau, Eduard Spranger, Hans Stettbacher, 9. Band, Schriften aus der Zeit von 1782-1787, Berlin und Leipzig 1930, Verlag von Walter de Gruyter & Co.

P.W.A.XI   Meine Nachforschungen über den Gang der Natur in der Entwicklung des Menschengeschlechts, 1797. Heinrich Pestalozzi, Werke in acht Bänden, Gedenkausgabe zu seinem zweihundertsten Geburtstage, Herausgegeben von Paul Baumgartner, Schriften, Aus der Zeit von 1792-1797, Rotapfel "Verlag, Erlenbach" Zürich

P.W.K.V   Die Methode. Ein Denkschrift Pestalozzi's. 27. Juni 1800. Pestalozzi, Sämtliche Werke, herausgegeben von Artur Buchenau, Eduard Spranger, Hans Stettbacher, 13. Band, Berlin und Leipzig 1932, Verlag von Walter de Gruyter & Co.

P.W.A.XII   Wie Gertrud ihre Kinder lehrt. Ein Versuch, den Müttern Anleitung zu geben, ihre Kinder selbst zu unterrichten, in Briefen, 1801. Heinrich Pestalozzi, Werke in acht Bänden, Gedenkausgabe zu seinem zweihundertsten Geburtstage, Herausgegeben von Paul Baumgartner, Aus den Jahren 1798-1804. Rotapfel "Verlag, Erlenbach" Zürich

P.W.K.VI   Denkschrift an die Pariser Freunde über Wesen und Zeck der Methode, Dezember 1802. Pestalozzi, Sämtliche Werke, Kritische Ausgabe begründet von A. Buchenau, E. Spranger, H. Stettbacher, 14. Band, Verlag von Walter de Gruyter & Co.

P.W.K.VII   Ansichten über die Gegestände, auf welch die Gesetzgebung

Helvetians ihr Augenmerk vorzüglich zu richten hat, 1802.
Pestalozzi, Sämtliche Werke, Kritische Ausgabe begründet von
A. Buchenau, E. Spranger, H. Stettbacher, 14. Band, Verlag von
Walter de Gruyter & Co.

P.W.K.VIII Pestalozzi in sein Zeitalter (Epochen), 1802-3. Pestalozzi, Sämtliche Werke, Kritische Ausgabe begründet von A. Buchenau, E. Spranger, H. Stettbacher 14. Band, Verlag von Walter de Gruyter & Co.

P.W.A.XIII Geist und Herz in Methode, 1805. Heinrich Pestalozzi, Werke in acht Bänden, Gedenkausgabe zu seinem zweihundertsten Geburtstage, Herausgegeben von Paul Baumgartner. Schriften aus den Jahren 1805-1826. Erster Teil. Rotapfel "Verlag, Erlenbach" Zürich

P.W.S.I Ansichten und Erfahrungen, die Idee der Elementarbildung betreffend, 1807. Pestalozzis sämtliche Werke, herausgegeben von Dr. L. W. Seyffarth, Neunter Band, Liegniz, Druck und Verlag von Carl Seyffart, 1901

P.W.A.XIV Über Körperbildung, als Einleitung auf den Versuch einer Eementargymnastik in einer Reihenfolge kölperlicher Übungen, 1807. Heinrich Pestalozzi, Werke in acht Bänden, Gedenkausgabe zu seinem zweihundertsten Geburtstage, Herausgegeben von Paul Baumgartner. Schriften aus den Jahren 1805-1826. Erster Teil. Rotapfel "Verlag, Erlenbach" Zürich

P.W.K.IX Über den Sinn des Gehörs, in Hinsicht auf Menschenbildung durch Ton und Sprache, 1808. Pestalozzi, Sämtliche Werke, kritische Ausgabe herausgegeben von Artur Buchenau, Eduard Spranger, Hans Stettbacher, 16. Band, Berlin und Leipzig 1935, Verlag von Walter de Gruyter & Co.

P.W.A.XV Über die Idee der Elementarbildung, Ein Rede, gehalten vor der Gesellschaft der Schweizerischen Erziehungsfreunde in Lenzburg in Jahre, 1809. Heinrich Pestalozzi, Werke in acht Bänden. Gedruckt 1810/11. Gedenkausgabe zu seinem zweihundertsten Geburtstage,

Herausgegeben von Paul Baumgartner. Schriften, Aus den Jahren 1805-1826. Erster Teil. Rotapfel "Verlag, Erlenbach" Zürich

P.W.A.XVI An die Unschuld, den Ernst und Edelmut meines Zeitalters und meines Vaterlandes. Ein Wort der Zeit, 1815. Heinrich Pestalozzi, Werke in acht Bänden, Gedenkausgabe zu seinem zweihundertsten Geburtstage, Herausgegeben von Paul Baumgartner, Schriften, Aus den Jahren 1805-1826. Zweiter Teil. Rotapfel "Verlag, Erlenbach" Zürich

P.W.Z.I Rede am dreiundsiebzigsten Geburtstage, Rede an mein Haus, gehalten am 12. Januar 1818. HEINRICH PESTALOZZI Gesammelte Werke in zehn Bänden. Herausgegeben von Emilie Bosshart / Emanuel Dejunk / Lothar Kempter / Hans Stettbacher, Acht Band, MCMXLVI RASCHER VERLAG, ZÜRICH, 1946

P.W.A.XVII Schwanengesang, 1825. Heinrich Pestalozzi, Werke in acht Bänden, Gedenkausgabe zu seinem zweihundertsten Geburtstage, Herausgegeben von Paul Baumgartner, Schriften, Aus der Zeit von 1805-1826. Zweiter Teil. Rotapfel "Verlag, Erlenbach" Zürich

P.W.A.XVIII Rede in der Versammlung der helvetischen Gesellschaft, gehalten am 26. April 1826 zu Langenthal. Heinrich Pestalozzi, Werke in acht Bänden, Gedenkausgabe zu seinem zweihundertsten Geburtstage, Herausgegeben von Paul Baumgartner, Aus der Zeit von 1805-1826. Zweiter Teil. Rotapfel "Verlag, Erlenbach" Zürich

P.W.B.I JOHANN HEINRICH PESTALOZZI, SÄMTLICHE BRIEFE, Herausgegeben von Pestlozzianum und von der Zentralbibliothek in Zürich, DRITTER BAND, Briefe No. 469-759. ORELL FÜSSLI VERLAG ZÜRICH, 1947

著 者　細井房明
　　　　（教育学博士）

略　歴
　現職　東北文教大学　教授
　　　　東北文教大学・東北文教大学短期大学部　実習内容研究センター長
　　　　（上越教育大学　名誉教授）

　前職　兵庫教育大学連合大学院博士課程　教授（併任）
　　　　上越教育大学　学部・大学院修士課程　教授
　　　　上越教育大学附属幼稚園　園長（併任）
　　　　新潟大学教育学部　特任教授、助教授
　　　　新潟工科大学　教授
　　　　山形女子短期大学　助教授
　　　　東北大学教育学部　助手

ペスタロッチーに於ける幼児教育理論構築の背景を探る
　　－ 手と頭と胸の教育を中心に －

2013年3月31日　初版第1刷発行　　定価はカバーに
　　　　　　　　　　　　　　　　　　表示してあります

　　　　　著　者　細井房明
　　　　　発行者　東北文教大学出版会
　　　　　　　　　〒990-2316　山形市片谷地515
　　　　　　　　　Telephone　023-688-7544
　　　　　　　　　Facsimile　023-688-6438
　　　　　　　　　Website　http://www.t-bunkyo.ac.jp/
　　　　　……………………………………………………………
　　　　　制　作　大場印刷株式会社
　　　　　　　　　〒990-2251　山形市立谷川二丁目485-2
　　　　　　　　　Telephone　023-686-6155
　　　　　　　　　Facsimile　023-686-3752
　　　　　発売元　ナカニシヤ出版
　　　　　　　　　〒606-8161　京都市左京区一乗寺木ノ本町15番地
　　　　　　　　　Telephone　075-723-0111
　　　　　　　　　Facsimile　075-723-0095
　　　　　　　　　Website　http://www.nakanishiya.co.jp/
　　　　　　　　　Email　iihon-ippai@nakanishiya.co.jp
　　　　　　　　　　　　　郵便振替　01030-0-13128

装幀＝河合規仁
Copyright ©2013 by F. Hosoi
Printed in Japan
ISBN978-4-7795-0772-4　C3037

本書のコピー、スキャン、デジタル化等の無断複製は著作権法上での例外を除き禁じられています。本書を代行業者等の第三者に依頼してスキャンやデジタル化することはたとえ個人や家庭内の利用であっても著作権法上認められておりません。